投資信託と保険こそ
最高の金融商品

老後を救う
術

幻冬舎MC

はじめに

「人生100年時代」といわれるようになって久しいですが、その長い老後を支えるための資金をどうするかが、大きな課題となっています。

2020年に内閣府が行った「社会意識に関する世論調査」で、「現在の社会において満足していない点は何ですか」との質問に対し、「経済的なゆとりと見通しがもてない」と答えた人が最も多くいました。この選択肢を選んだ人を年齢別で見れば、50〜59歳の割合がいちばん高く50・7%にものぼっています。50代は一般的に年収がピークを迎える時期であり、経済的に余裕が生まれやすいはずなのですが、それにもかかわらずゆとりや見通しがもてないと感じている人が5割もいることに事態の深刻さが表れています。

こうした不安の背景には、日本社会が直面している少子高齢化という課題があります。少子高齢化により、老後の主な収入源である年金制度が崩壊しつつあるのです。

現行の年金制度は少子高齢化に弱い構造となっています。内閣府の「高齢社会白書」（2014年版）によると、1990年には現役世代5人で年金世代1人の年金を支えていたのに対し、2050年には現役世代1人だけで年金世代1人の年金を支えねばならなくなることが統計的に見てほぼ確実です。このような事情から将来的には現役世代の負担を増しつつ年金世代への給付金を削るしかありません。したがって、今の制度に従えばもらえる年金は間違いなく減り続けていくはずです。

平均寿命が延び続け老後に必要な資金が増えているなか、年金という収入の柱が減額されてしまっては、生活が厳しくなることは目に見えています。それにもかかわらず、年金頼みで老後を迎えてしまうと、のんびり余生を過ごすはずが爪に火をともすような生活を強いられる「老後貧乏」に陥る恐れがあります。

老後の頼みの綱となる資金を自分で用意しようにも、銀行の預金は超低金利で退職金も減少傾向にあり、資産形成は以前よりも難しくなっています。50代に差し掛かってから、2000万円ともいわれる老後に必要な資金を用意できる人はごく少数です。

老後貧乏に陥らないためには、できるかぎり早めにライフプランを検討し、資産形成に着手する必要があります。

とはいえ、どうやって資産を築いていけばいいのか、その方法が分からないという悩みを抱えている人は多く、実際に私のもとにはそうした相談が絶えません。

私は保険代理店の経営者であり、自らも営業マンとしてＭＤＲＴという業界最高水準の地位を17年連続認定されるという実績を築き上げてきました。生命保険や損害保険の取り扱いを通じて顧客の人生に寄り添うなかで、資産形成の方法から日々の健康維持まで、老後に対する漠然とした不安を解消するアドバイスに努めています。

資産の形成を考えるにあたっては、老齢年金や遺族年金といった制度を理解したうえで、自らが思い描く老後に必要な金額を算出し、年金以外にいくら必要かを具体的に割り出すというゴールを設定することが大切です。そしてそのゴールに向かい、お金をどのように増やしていけばいいかという手段を検討していかねばなりません。

本書で示す資産形成は、ただの貯蓄とは違います。無目的に銀行にお金を寝かせておくというのは、適切に運用すれば得られたはずの何十万円、何百万円という将来のお金を捨てるようなもったいない行為であり、おすすめできません。

本書では、お金をうまく運用することでリスクを抑えつつ着実に資産を増やしていく方法を紹介します。そのポイントとなるのが、投資信託と保険の中長期的な運用です。どんな金融商品を選び、どれくらい運用にまわせばいいのかなどもできる限り具体的に示していきます。

時間を味方につけ、優良商品に長い目で投資をしてリスクを極力減らす投資方法は、始める時期が早ければ早いほどその効力を発揮します。

本書で資産形成に必要な知識やノウハウを身につけ、一人でも多くの人にゆとりある豊かな老後を迎えてほしいと願っています。

老後を救う投資術　投資信託と保険こそ最高の金融商品　目次

［第1章］

年金制度崩壊、増税、超低金利……待ちうける「老後貧乏」

少子高齢化で、年金制度が危機に

２０２２年４月より、高齢者に対する国からの年金の支給額が原則０・４％引き下げられました。

日本の年金制度は日本在住で20歳以上60歳未満のすべての人が加入する「国民年金」と、それに上乗せする形で会社員や公務員が加入する「厚生年金」、そしてさらにその上に個人や企業が任意で加入できる国民年金基金や企業年金といった「私的年金」の三つがあり、３階建ての構造をもつのが特徴です。

今回の受給額の引き下げは、年金制度の土台となっている国民年金と多くの人が加入する厚生年金の両方に影響するものです。

年金の支給額は人により異なりますが65歳の人が新たに受け取り始める月額でみると、自営業や専業主婦が入る国民年金（1人分）は前年度より２５９円減って６万４８１６円となります。また40年間会社勤めの夫と専業主婦という夫婦をモデル世帯とする場合、２人分の厚生年金は９０３円減って21万９５９３円という額です。

一見すると、さほど大きな減額には思えません。しかしよく考えれば事の深刻さが分かると思います。夫婦の年金が月に903円減ったなら年間では1万836円の減額となり、30年間、支給を受けるとすれば実に32万5080円ものお金が消える計算です。

こうして年金の受給額を減らす理由として国は「年金の保険料を納める現役世代の賃金が減ったため」と説明していますが、賃金の増減にかかわらず年金の支給額は減っていく可能性が高くなっています。

その最も大きな理由として挙げられるのが少子高齢化です。

国民年金法が制定された翌年にあたる1960年の調査では0～14歳の人口が2807万人でした。しかし2009年の調査では0～14歳の人口が1701万人と、その数を大きく減らしています。また日本はすでに超高齢社会となって久しく、2025年には人口の約30％、2060年には約40％が65歳以上となるとみられています。

年金制度においても、1960年代の日本では9人の現役世代で1人のお年寄りを支える「お神輿型」でした。しかし2012年にはそれが2・4人で1人を支える「騎馬戦型」となり、今後2050年には1・3人で1人を支える「肩車型」になるとされています。

［図表１］　少子高齢化に弱い公的年金制度

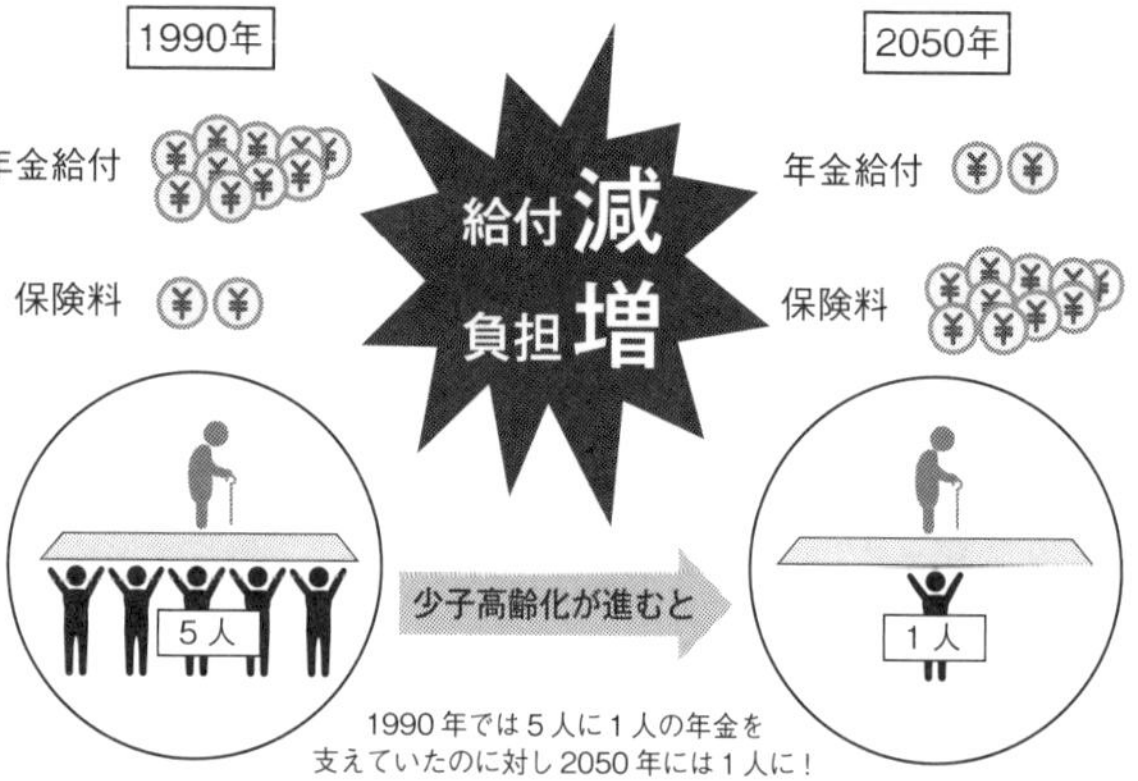

現役世代は減り年金受給者は増えていくというジレンマを抱え、それでも現行の制度を成り立たせるなら今後もさらに支給額を削っていくか、現役世代が納付する保険料を上げるか、あるいはその両方を組み合わせるしかありません。現在のところ納付する保険料の上限は法律で定められており、すでに上限にきています。今後積極的に行われると考えられるのは支給額の減額であり、実際にそれが始まっているというのが日本の現在地です。

なお公的年金制度を運用する厚生労働省は「将来にわたって年金が大きく減ることはない」との見解を示しています。2年続いている支給額の減少もあくまで現役世代の賃金と連動して行ったものであり、年金制度の構造自体に問題はないというわけです。

しかし私はこの見解に対し疑問をもっています。

厚生労働省によれば年金制度が維持される前提として、まず実質賃金が毎年1・6％上昇し続け、それにより保険料収入が増えていくという推計があります。ただ現実を見れば日本の実質賃金は20年以上にわたって停滞し続けてきました。

そのほかにも厚生労働省が年金制度維持の前提としている年金積立の運用利回りや、何歳まで働き続けるかについても残念ながら現実に沿っているとはいえなくなっています。

したがって個人的にはやはり今後も年金支給額の減額が続くと考えざるを得ず、少なくとも現行の年金制度はすでに崩壊の危機にあると感じています。

上がらぬ賃金と、上昇する物価

年金支給額がこのまま減っていくなら、その分のお金をあらかじめ用意しておく必要がでてきます。しかし現在の日本ではお金を蓄えるという行為自体が難しくなってきています。

その最大の要因のひとつが賃金が上がらないことです。

ＯＥＣＤ（経済協力開発機構）によると日本の年間の平均賃金（年間）は２０００年の時点で３万８３６４ドルであり加盟35カ国中17位でしたが、それから20年経った２０２０年でも３万８５１４ドルとわずか０・４％の上昇に留まっています。ＯＥＣＤ加盟国の中でも22位まで順位を下げており、どんどん追い抜かれています。

世界に目を向ければ先進国を中心に年間の平均賃金は増え続けている国が多くあります。特にアメリカ、イギリス、フランス、ドイツ、カナダといった国々の平均賃金は増えており、日本は大きく水をあけられています。

例えばアメリカの年間の平均賃金は６万９３９1ドルで、日本の倍近くとなっています。それに伴ってアパートの家賃が高騰し、ニューヨークの１ＤＫの家賃が現在30万円前後もしますが、それでも借り手が絶えないという一事をとってもその勢いが垣間見えます。日本が経済大国としてアメリカと肩を並べた１９８０年代はもはや遠い過去となり、現在はその背中すらとらえることはできていません。

賃金が上がらない一方で税金は着々と増えてきています。国税と地方税、医療保険や年金といった税率を合算した「国民負担率」は50年間で2倍近くとなりました。例えば庶民の生活に大きな影響を与える消費税については2019年に10％へと上がりましたが、おそらくここで終わりではないでしょう。2020年1月にIMF（国際通貨基金）が、日本経済に関する年次審査報告書で2030年までに消費税を段階的に15％へ引き上げるように提言しており、財務省の主導でそれが実行に移される可能性は高いと私はみています。老人が増え、社会保障費がかさんでいくのは火を見るよりも明らかな昨今、増税は今後も続くと予想され、それもまた庶民生活を圧迫します。

そうして賃金が上がらず税金ばかり上がって、ただでさえ貯蓄を増やすのが難しいところに現在直撃しているのがインフレーションです。ロシアのウクライナ侵攻や長期的な円安といった要因により食料品をはじめとした物価が軒並み上がり、市民生活に暗い影を落としています。

所得の増加とともに起こる緩やかなインフレーションは経済成長につながりますが、賃金は変わらず物価だけが上がるというインフレーションは経済成長を伴いません。今後も賃金上昇が物価上昇に追いつかないなら、日本国民はどんどん貧しくなります。そして現在のインフレーションがいつどのように収束していくかは、誰にも分かりません。

賃金が上がらず物価が高い状況が続いていけば、お金を貯めるのが当然難しくなります。しかも、ただお金が貯まらないだけではありません。物価が上昇すれば相対的にお金の価値が低くなります。何十年も働いて給料からこつこつ貯金し老後のためにようやく貯めた2000万円というお金があったとしても、何もせず銀行に置いておくだけならインフレーション下ではその価値は目減りしていく一方であり、老後のプランにも確実に影響が出てきます。

銀行への預金は最悪の選択肢

日本は世界的に見ても貯蓄大国といえ、多くの人が金融資産の大半を預貯金で保有しています。日本銀行の「資金循環統計」によると2020年9月末に個人金融資産の残高が初めて1900兆円台に乗りました。

なお個人金融資産の内訳は次のようになります。

［図表２］

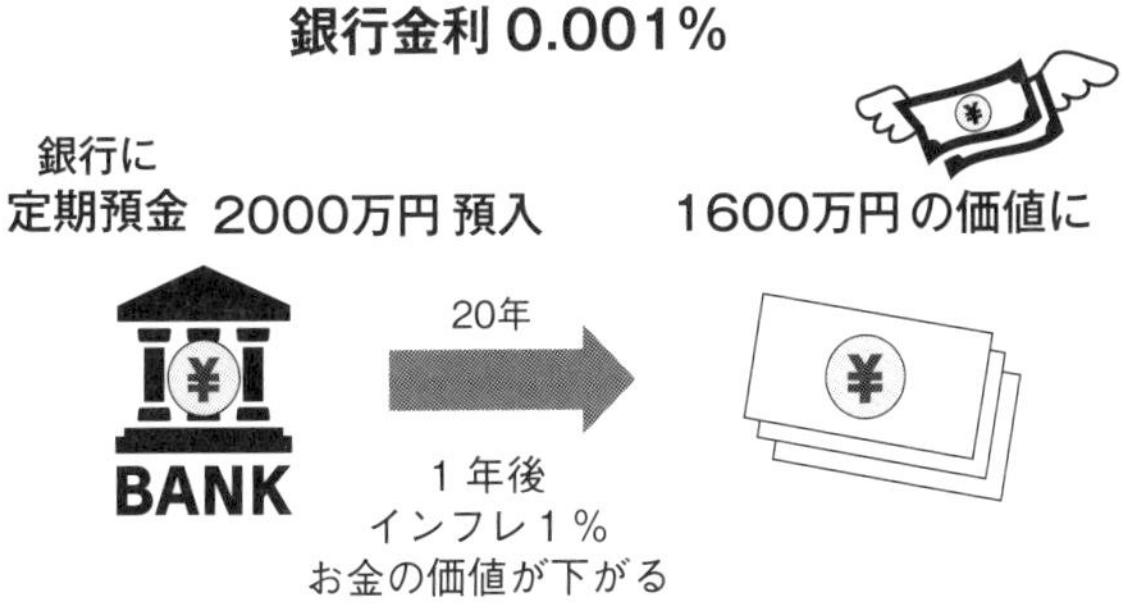

・現金／預貯金　１０３４兆円
・債務証券　26兆円
・投資信託　72兆円
・株式等　１８１兆円
・保険／年金／定額保険　５３０兆円
・その他　58兆円

日本では個人金融資産の実に54％が預貯金として銀行などの口座に眠っているわけです。私はこうしたお金を何もせずに寝ているだけという意味で「ニート預金」と呼んでいます。

確かに以前であればお金を銀行に預けておくだけで着々と増え、資産を形成することができました。銀行の金利が高かった時代には時に年８％もの金利がつき、100万円を預けておけば年間8万円ものお金が自然に積みあがっていきました。そんな状況なら銀行には大いに預金しておくべきだと思います。

しかし現在はどうかというと2016年から続くマイナス金利政策により銀行の金利は0・001％ととてつもなく低くなっています。100万円を預けておいても年間で10円しか増えないのです。

過去の銀行預金には「お金を増やす」という機能がありましたが、今やその機能は失われただ資産を保管する場となっているというのが現実であり、これでは「タンス預金」とほとんど変わりません。

それにもかかわらず、いまだに銀行にお金を預け続ける人が多いというのは非常にもったいないことです。なぜならお金を適切に運用し、お金自体に働いてもらえば将来の資金を着実に増やせるからです。

実際にそうして国民が金融資産を増やしてきたのがアメリカです。アメリカの家計金融資産の伸び率は1995年から2015年の20年間で日本の約2倍となっています。

金融庁の「金融レポート」によると1995年と比べ2016年時点での日本の家計金

融資産が1・54倍になったのに対し、アメリカでは3・32倍まで増えたといいます。

その理由は家計における金融資産の構成比から紐解くことができます。

日本では預貯金が約52％と圧倒的に多く投資信託や株式等の割合が10％以下になっているのに対し、アメリカでは預貯金が約14％、投資信託が約10％、株式等が21％を超えており、投資信託や株式という形で金融資産を保有するという考え方が広く浸透しています。つまりお金をただ銀行に預けて遊ばせておくのではなく、運用して積極的に増やすことで資産を形成しているのです。この考え方の違いにより20年で大きな差が開いてしまったと私は考えています。

特に賃金上昇を伴わないインフレーションが今後どれだけ続くか分からない現在の状況下では銀行にお金を寝かせておくだけだとその価値が目減りし続ける恐れがあります。したがって働いて得たお金をしっかりと運用して積極的に増やしていくことが重要となります。

長生きの裏に潜む、老後貧乏のリスク

では老後の資金はいったいいくら必要なのか、それを考える前にまずは現代における老後の定義から考えていきます。

人生いつからが老後かという解釈は人によってさまざまでしょうが、経済的な側面からいうと公的年金や退職金といった老後の資金を生活費に充てるようになるというのが一つのターニングポイントであるといえます。生命保険文化センターの調査では預貯金や個人年金保険、有価証券といった老後の資金を使いはじめる予定の年齢は平均65・9歳となっています。

また２０２０年に厚生労働省が発表した「平成30年　高齢期における社会保障に関する意識調査」によると「何歳から老後と考えるか」という問いに対して「70歳から」という答えが最も多くなっています。

65歳から70歳くらいが老後のスタートと見るのが現在は一般的なようです。そうして老後が始まるとして、どれくらいの期間老後が続くのかというのも資産形成の際に考えておく必要があります。実はこの点が過去と大きく異なるところです。

厚生労働省の「簡易生命表」によると1960年の平均寿命は男性65・32年、女性70・19年でしたが、2020年の日本人の平均寿命は男性が81・64歳、女性が87・74歳と過去最高となっています。さらに日本を含む先進国の寿命は1日5時間というスピードで延び続けているといわれ、このままだと2045年には平均寿命が100歳に到達するという予測があります。まさに「人生100年時代」が迫っているのです。

平均寿命が100歳まで伸びたなら仮に70歳まで働くことができたとして、そこから老後をスタートした場合でも30年は人生が続きます。その間の生活を支える資金が尽きてしまえば、わずかな年金だけを頼りに爪に火をともすような生活を強いられる「老後貧乏」に陥る恐れがあるのです。

ゆとりある老後に必要な金額とは

老後が30年間続くならいったいいくらの資金が必要になるのか、その試算として話題になったのがいわゆる「老後2000万円問題」です。

2019年に提出された金融審議会の市場ワーキング・グループの報告書では高齢夫婦

（夫65歳以上妻60歳以上）の毎月の収入（主に年金収入）は20万9198円、それに対する支出は26万3718円で月に5万5000円の赤字が出るとされました。30年間にわたり月5万5000円の支払いを行うとすればトータルの支出は1980万円となります。ここから「老後には2000万円が必要」という議論が生まれたわけです。

1980万円という数字はあくまで参考値にすぎず、実際にどれだけお金がいるかどうかは人によって違うとは思いますが少なくとも「年金だけでは足りず、自己資金が必要になる」というのは間違いないといえます。むしろ現役時代の生活を維持し、ゆとりある老後を過ごすためには2000万円でも足りないと私はみています。

生命保険文化センターの「生活保障に関する調査（令和元年度）」によると夫婦2人で老後生活を送るうえでの最低生活費は平均22万1000円です。またゆとりのある生活をするためにはそれにプラスして14万円は必要で、平均36万1000円となっています。この最低生活費をひとつの基準とし、それに合わせ当時の年金制度に基づいて老後に求められる資金を試算します。

仮に夫がサラリーマン、妻が専業主婦であるとして、その年金収入は月額平均

21万7173円であり最低生活費とほぼ変わらぬ金額です。ちなみにこの年金の内訳は老齢厚生年金10万5056円、夫の老齢基礎年金5万8775円、妻の老齢基礎年金5万3342円となります。つまりこうした家庭において生活のすべてを年金に頼るなら、最低限の生活しか送れないということです。

共働きであれば先ほどの年金収入に妻の老齢厚生年金4万9216円がプラスされ26万6398円の年金が支給されます。しかしそれでもゆとりある老後を過ごすために必要な月額36万1000円とは大きな開きがあります。

したがってゆとりある生活を目指すなら片働きの家庭で年金に加え14万3818円、共働きでも9万4602円という追加資金が30年間かかってくる計算です。

この試算に従って老後30年の資金計画を立てるなら片働きだと約5100万円、共働きで約3400万円ものお金をつくっておく必要があります。

なおこれはあくまで老後を健康に過ごすと仮定した場合の話であり、事故や病気で健康を害したり、自らに介護が必要になったりしたなら、さらにお金がかかります。ちなみに介護施設でいうとその入居金の平均は500万円で、月々平均15万円の費用が発生してきます。

そこまで考えると少なくとも年金だけではまったく足りないということが、容易に想像できるはずです。

時間を味方につけ、低リスクで老後の資金をつくる

「人生100年時代」の老後を支えるための一つの選択肢となるのが積立です。できる限り早い時期から積立を始めることで老後の資金も増えていきます。

ただし銀行にひたすら預金を続けるというのはあまりにも無策であり効率的とはいえません。仮に30年後に3000万円の資産を作りたいと考えたなら平均利回りが0・01%という銀行に預け続けたとしても月に8万3000円必要です。

しかし資産を運用してその平均利回りが1%であったなら月7万1000円、3%なら月5万1000円、5%なら月3万6000円の預金で目標が達成できます。

「資産運用」と聞くと「なんだか怪しそう」「リスクが大きいのではないか」と眉をひそめる人もいるかもしれません。確かに「1年で500万円を1000万円に増やしたい」と考えるなら、大きなリスクをとって株式などに投資する必要がありそれはギャンブルで

しかありません。

ただ「30年で5000万円を1000万円に増やしたい」というなら話はまったく違ってきます。元本の500万円を利回り平均3％で運用していけば30年後には1200万円以上にまで増える計算です。ちなみに利回り平均3％という金融商品は投資信託なら低リスク商品に分類されるものでそれなりに安定した運用が期待できます。

このように投資においては時間を味方に付けることでリスクをほぼとらずとも資産を増やしていくことが可能です。だからこそ先ほど挙げたアメリカの例のように資産運用で着実にお金を増やすというのが、多くの国でもはや常識となっているのです。

現在、政府は新たな経済政策である「新しい資本主義」における取り組みとして、日本の個人金融資産2000兆円について「貯蓄から投資へ」の動きを促し「資産所得倍増プラン」に着手するとしています。その具体案はいまだ明らかになってはいませんが、それで国民の目が資産運用に向くなら意味のあることだと思います。

「老後は年金頼み」の発想を捨て、可能な限り早く積立と資産運用を始めるのが老後貧乏を回避し、人生の夕暮れ時を豊かに過ごしていくための最適解です。

［第2章］

将来、いくらもらえる?
年金の種類と仕組み

年金制度の概要を知る

現行の年金制度が将来どのようになるかは不透明ですが、だからといって老後の資金計画を立てることをずっと棚上げにしておくわけにはいきません。資金づくりを始めるのが早ければ早いほど、老後の備えは手厚くなるからです。

結局のところ、老後の資金計画において年金という要素は外すことができません。老後貧乏になることを回避すべく、老後の資金計画を考えるにあたり、まずは年金制度がどのようなものか、その概要を知るのが大切です。そうして将来自分が受給できる予定のお金がどれくらいかをつかんでから、足りない部分の資金をどう捻出し、増やしていくかを検討するというのが老後を含むライフプランの組み立て方の王道です。

年金制度の正式名称は「公的年金制度」といい、国が運営する仕組みの一つで、厚生労働省が管轄しています。

年金制度は、現役世代が支払った保険料を高齢者などの年金給付に回すという仕組みであり、保険料以外にも年金積立金や税金が給付に充てられていますが、いずれにせよ現役世代が支払った税金の一部が年金の原資となっています。

日本の年金制度は「国民皆年金」という特徴があり、20歳以上のすべての国民が共通して加入する「国民年金」がベースとなっています。国民年金への加入は義務であり、原則20歳から60歳まで保険料を払い続けていきます。最低10年間、保険料を納める（配偶者の扶養に入っている期間が10年間でも可）という条件さえ満たせば、65歳であらゆる人が「老齢基礎年金」を受け取れます。

なお、受け取り開始時期については本人が希望すれば65歳を過ぎてから75歳までの間で設定することもでき、基本的には受け取りを遅らせた分だけ手厚い老齢基礎年金を得ることができます。

老齢基礎年金とともに、会社員が加入する「厚生年金」も制度の柱です。加入していれば老齢基礎年金にプラスして、「老齢厚生年金」も受け取ることができます。そのほかに個人や企業が任意加入できる国民年金基金や企業年金といった「私的年金」もあり、それを合わせると「3階建て」の構造となっています。

保険料の支払いに関しては、個人事業主などで国民年金のみに加入している人（第一号被保険者）は、毎月自分で定額の保険料を納めていきます。

厚生年金に加入している会社員（第二号被保険者）なら、毎月の保険料を勤め先と折半し、それが給料から自動で天引きされます。

専業主婦など被扶養者（第三号被保険者）は、扶養者がその保険料を負担しているため、個人としては保険料を負担する必要はありません。

会社員や公務員の場合、月給の一定割合を退職まで支払うことで、65歳から老齢基礎年金と老齢厚生年金の二つを亡くなるまで受け取ることができます。なお、老齢厚生年金の受取額に関しては、所得額に伴って納めた額に応じて増える仕組みです。平均としては、老齢基礎年金と老齢厚生年金を合わせて月15万4000円となっています。

年金はいかにして算出されるか

年金には計算式があり、それを用いれば自分が将来もらえる金額を算出することも可能です。

老齢基礎年金については支給額が毎年改定されますが、2022年の支給額をベースとすると計算式は次のようになります。

支給額＝77万7800円×保険料納付月数／480カ月

「480カ月」は、20歳から60歳までの40年間の月数です。すなわち、40年間毎月欠かさず納付してきたなら満額である年間77万7800円を生涯にわたってもらえることになる一方で、納付しなかった月が多ければそれだけ額面は減っていきます。

老齢厚生年金の計算式はかなり複雑です。

支給額＝報酬比例年金額＋経過的加算＋加給年金額

この式は65歳以上で受給する場合に用いるものであり、65歳未満で受給する場合には計算式が異なります。

支給のメインとなる報酬比例年金は、厚生年金の加入月数と加入中の標準報酬月額など

［図表3］　報酬比例年金の計算式

① 平均標準報酬月額×9.5/1000〜7.125/1000×2003年での被保険者期間の月数＋平均標準報酬額×7.308/1000〜5.481/1000×2003年4月以降の被保険者期間の月数

② （平均標準報酬額×10/1000〜7.5/1000×2003年3月までの被保険者期間の月数＋平均標準報酬額×7.692/1000〜5.769/1000×2003年4月以降の被保険者期間の月数）×1.001（昭和13年4月2日以降に生まれた場合は0.999）

※平均標準報酬月額とは、2003年3月までの被保険者期間の各月の標準報酬月額の総額を、2003年3月までの被保険者期間の月数で除して得た額のことであり、平均標準報酬額は、2003年4月以後の被保険者期間の各月の標準報酬月額と標準賞与額の総額を、2003年4月以後の被保険者期間の月数で除して得た額です。

により決まるものであり、具体的には図表2の計算式で算出されます。

基本的には①の計算式を用いて算出しますが、その結果が②を下回る場合には②の計算式が使われます。要は、2つのうちで金額が大きいほうを採用するということです。

標準報酬額という新たな言葉が出てきますが、これは厚生年金の保険料に関するものです。各被保険者の収入を32区分に分けて、該当する金額に「保険料率」をかけて毎月の保険料が決まります。それを、勤め先と折半して納める仕組みとなっています。

平均報酬月額や平均標準報酬額と掛け算され

ている分数については、生年月日ごとに区分されています。より正確に知るには、日本年金機構のホームページにある「年金額の計算に用いる数値」の「報酬比例部分の乗率」という項目に細かく記載されています。

経過的加算や加給年金額についてもそれぞれ計算式があるのですが、額面としてはさほど大きくならないのでここでは割愛します。

そこで、将来の受給額をイメージしやすいように、いくつかのモデルケースを挙げて受給額を算出します。

モデルケースその①：会社員×専業主婦の場合

[条件]
夫は20歳から会社員（平均標準報酬月額45万円）
妻は20歳から会社員（平均標準報酬月額25万円）、30歳から専業主婦

［老齢年金（月額）］
夫：基礎年金約６万５０００円＋厚生年金約12万２０００円＝18・７万円
妻：基礎年金約６万５０００円＋厚生年金約１万４５００円＝７・９万円

もらえる年金は……　月26万６０００円

モデルケースその②：会社員×パートタイマーの場合

［条件］
夫は20歳から会社員（平均標準報酬月額45万円）
妻は20歳から会社員、30歳から専業主婦、40歳からフルタイムパート（平均標準報酬月額17万円）

［老齢年金（月額）］

夫：基礎年金約6万5000円＋厚生年金約12万2000円＝18・7万円
妻：基礎年金約6万5000円＋厚生年金約3万2000円＝9・7万円

もらえる年金は……　月28万4000円

モデルケースその③：自営業×会社員の場合

［条件］
夫は20歳から自営業
妻は20歳から会社員（平均標準報酬月額35万円）

［老齢年金（月額）］
夫：基礎年金約6万5000円
妻：基礎年金約6万5000円＋厚生年金約9万5000円＝16万円

もらえる年金は……　月22万５０００円

モデルケースその④：自営業×専業主婦の場合

［条件］
夫は20歳から自営業
妻は20歳から会社員（平均標準報酬月額25万円）、30歳から専業主婦

［老齢年金（月額）］
夫：基礎年金約６万５０００円
妻：基礎年金約６万５０００円＋厚生年金約１万４５００円＝7・9万円

もらえる年金は……　月14万４０００円

夫婦2人で老後生活を送るうえでの最低生活費は平均22万1000円、ゆとりのある生活をするには平均36万1000円が必要とされています。それに従うなら、このモデルケースのすべてにおいて、年金だけでゆとりある生活を送ることはとても叶わず、さらにどちらかが自営業である時点で、年金だけでは生活が成り立たない、もしくはぎりぎりの生活になる、ということがイメージできるはずです。

「ねんきん定期便」のチェックポイント

自らの老齢厚生年金の受給額をより正確に知りたいなら、毎年の誕生月に日本年金機構から送られてくる「ねんきん定期便」をチェックします。ねんきん定期便は、基本的にははがきで届きますが、35歳、45歳、59歳のときだけはA４版の大きな封筒で郵送されてきます。A４版にはこれまでの年金記録のすべてが記載されています。

ねんきん定期便の内容は、50歳以上かどうかで異なってきます。

50歳未満の人に対する年金定期便には、現時点での国民年金と厚生年金の加入期間、これまで支払った年金保険料、そして現時点まで支払った保険料に基づいた年金額が記載されています。なお、「受給資格期間」という項目が120カ月（10年）以上になっていなければ、受給資格がありません。

50歳以上の人への年金定期便には、現時点での国民年金と厚生年金の加入期間に加え、年金実施機関への問い合わせの際に使う照会番号や、直近1年間の年金納付状況、厚生年金なら給料や賞与の標準報酬額まで記載されています。そして最も参考になるのが65歳からの予想年金額です。

ねんきん定期便以外にも、インターネットを通じて自分の年金記録を確認できる「ねんきんネット」というサービスがあります。

「ねんきんネット」のなかで活用したいのが、条件を入れれば将来受け取る老齢年金の見込み額が試算できるシステムです。また、厚生労働省ホームページ内の「公的年金シミュレーター」では、ユーザー登録なしで将来の年金額を簡易に試算できます。「公的年金シミュレーター」で検索するか、ねんきん定期便に記載されている二次元コードを読み込むことでアクセスできます。

こうしたサービスをうまく使って、将来受給できる年金の金額を把握しておくことが、老後のライフプランを組んでいくために必要となります。

納税期間の延長で、得をする場合も

年金制度においては、条件を満たせば原則65歳から年金を受け取ることになります。本人の希望があれば、受け取るタイミングを1カ月単位で遅らせる「繰り下げ受給」をすることができます。

老齢基礎年金の繰り下げ受給をする場合、65歳を1カ月越えるごとに受給額が0・7%ずつ増えていきます。例えば、受給を1年遅らせて66歳にしたなら、以降はもらえる年金が8・4%増額されます。現行の制度では繰り下げ受給の上限は75歳となっており、もしそこまで受給を遅らせた場合は84%も増額される計算です。

老齢厚生年金もまた、繰り下げ受給が可能であり、65歳を1カ月越えるごとに受給額が0・7%ずつ加算されていきますが、繰り下げ受給の上限は70歳となっています。

この制度のメリットは、繰り下げ受給により増えた年金の受給額を一生もらい続けることができるという点にあります。仮に老齢基礎年金（満額で年間78万900円）の受給を5年間遅らせたなら、70歳からもらえる年金は年間110万8878円となり約32万円増える計算です。この約32万円のプラスが以降は一生涯続くので、100歳まで生きたなら通常より960万円も多く受給できることになります。

その一方で当然ながら受給を遅らせている期間には年金は入ってきませんから、その間の生活を支える収入源や資金が必要となります。また、70歳まで受け取りを延ばしたけれど残念ながら75歳で亡くなってしまったような場合には、65歳から70歳までに受け取れるはずだった年金の受給額が繰り下げで加算された受給額よりも多くなり、見方によっては「損をした」ともいえます。

繰り下げ受給をする場合、受け取り開始から約11年10カ月以降に収支がプラスになり、そこが損益分岐点となります。

例えば老齢基礎年金の5年繰り下げ受給を選択し70歳からもらうとすると、70歳プラス11年10カ月、すなわち81歳と10カ月以降から、繰り下げ受給をしなかった場合よりも年間約32万円多い金額を手にすることができます。そして長生きをすればするほどプラスが積みあがっていきます。

ちなみに2020年の日本人の平均寿命は女性が87・74歳、男性が81・64歳で、今後もさらに延びていくと考えられていますから、もし70歳まで働ける環境があったり定年から受給までの間の生活を支える資金があったりするなら、5年の繰り下げ受給を選ぶほうが得をする可能性があります。

老齢年金以外にもある、年金の種類

国民年金や厚生年金の加入者には、老齢年金以外にも受け取れる年金があります。

それが「遺族年金」と「障害年金」です。

【遺族年金】

国民年金や厚生年金の加入者や、過去に加入していた人が亡くなった際に、遺族に対し支払われる年金です。

国民年金の「遺族基礎年金」は、死亡した人の配偶者や子どもに支給されるものです。

ここでいう子どもの定義は、18歳に達した年度の3月31日を迎えていない人、または1級か2級の障害状態にある20歳未満の人となっています。すなわち、子どもがこの条件から外れるまでが遺族基礎年金の受給期間となります。

遺族基礎年金の受給額は、子の人数によって異なります。

2021年度の遺族基礎年金の受給額は一律で年間78万900円ですが、これに加え子が2人までは1人あたり22万4700円、3人目以降は1人あたり7万4900円が加算されます。

一方で厚生年金の「遺族厚生年金」は、亡くなった人が次の5項目のうちいずれかの要件を満たしている場合に支給されます。

・厚生年金に加入している
・厚生年金の加入中、傷病が原因で被保険者の資格を喪失した後、その初診日から5年以内に死亡した
・1級または2級の障害厚生年金を受給している

・老齢厚生年金を受給している
・老齢厚生年金の受給資格期間を満たしている

遺族厚生年金の受け取り手となるのは配偶者、子、父母、祖父母、孫ですが、優先順位が定められています。配偶者または子どもが最も優先順位が高く、その後が父母、孫、祖父母と続きます。ただし、受給する配偶者が30歳未満の妻なら受給期間は5年間となり、55歳未満の夫なら受給の資格がありません。

【障害年金】

けがや病気により、障害が残ってしまった場合などに支払われる年金です。
日本年金機構のホームページによると次の要件を満たしている場合に、国民年金からは「障害基礎年金」が、厚生年金からは「障害厚生年金」が支給されます。

［障害基礎年金の受給要件］
①障害の原因となった病気やけがの初診日が次のいずれかの間にあること。
・国民年金加入期間
・20歳前または日本国内に住んでいる60歳以上65歳未満で年金制度に加入していない期間
②障害の状態が、障害認定日（障害認定日以後に20歳に達したときは、20歳に達した日）に、障害等級表に定める1級または2級に該当していること。
③初診日の前日に、初診日がある月の前々月までの被保険者期間で、国民年金の保険料納付済期間（厚生年金保険の被保険者期間、共済組合の組合員期間を含む）と保険料免除期間をあわせた期間が3分の2以上あること。ただし、初診日が令和8年4月1日前にあるときは、初診日において65歳未満であれば、初診日の前日において、初診日がある月の前々月までの直近1年間に保険料の未納がなければよいことになっています。また、20歳前の年金制度に加入していない期間に初診日がある場合は、納付要件は不要です。

［障害厚生年金の受給要件］

①厚生年金保険の被保険者である間に、障害の原因となった病気やけがの初診日があること。

②障害の状態が、障害認定日に、障害等級表に定める1級から3級のいずれかに該当していること。ただし、障害認定日に障害の状態が軽くても、その後重くなったときは、障害厚生年金を受け取ることができる場合があります。

③初診日の前日に、初診日がある月の前々月までの被保険者期間で、国民年金の保険料納付済期間（厚生年金保険の被保険者期間、共済組合の組合員期間を含む）と保険料免除期間をあわせた期間が3分の2以上あること。ただし、初診日が令和8年4月1日前にあるときは、初診日において65歳未満であれば、初診日の前日において、初診日がある月の前々月までの直近1年間に保険料の未納がなければよいことになっています。

（日本年金機構ＨＰ）

なお障害年金の額は、障害の程度や配偶者の有無や子どもの数などによって変わってきます。こうした年金があることを知っておくと万が一の事態が起きた際、すぐに申請を検討できるはずです。障害年金の主な相談窓口は、年金事務所、弁護士、社労士です。なかには無料相談を行っているところもあるため、まずは連絡してみるといいでしょう。

個人で積み立てる「私的年金」

ここまでで取り上げてきた年金は国が運営する「公的年金」ですが、それ以外にも企業や公的機関が運営し個人が任意で積み立てていくことができる「私的年金」があり、老後の資金準備における一つの選択肢となります。もし支払う余裕があれば、公的年金に加え私的年金を活用すると老後の収入を増やすことができます。

ここで、代表的な私的年金を紹介しておきます。

【企業年金】

企業が、従業員に対する福利厚生の一環として独自に導入している年金制度を指します。従業員が将来、受け取る給付額をあらかじめ定めた「確定給付企業年金」や、企業が拠出した掛け金とその運用収益との合計額をもとに給付額を決める「企業型確定拠出年金」などがあります。企業年金の有無とその内容は企業ごとに異なるので制度の確認が必要です。

【iDeCo（個人型確定拠出年金）】

自ら加入して掛け金を払い、自分で選んだ方法（商品）で資金を運用して、原則60歳になってから受け取るというタイプの年金です。実際に運用を行うのは、証券会社や保険会社、銀行などの金融機関であり、さまざまな機関で取り扱われています。掛け金は所得控除の対象となり、運用益が非課税となるという税制上のメリットがある一方で、手数料が発生したり、途中解約ができなかったりといったデメリットも存在します。また、運用実績次第でもらえる年金の額が変わってきます。それらを差し引いても税制上のメリットがかなり大きいため、個人的にはおすすめの私的年金です。

【個人年金保険】

主に保険会社で取り扱われているもので、契約時に定めた年齢から一定期間、もしくは一生涯にわたって毎年、定額の年金が受け取れる貯蓄型の保険です。被保険者の生死にかかわらず、決められた一定期間、年金が支払われる「確定年金」、被保険者が生存している間はずっと年金が支払われる「終身年金」などの種類があります。一定条件を満たせば、税金の控除が受けられるメリットがあります。ただ、基本的に契約した時点で受け取る年金の額が決まるため、インフレーションに弱いという側面もあります。

【国民年金基金】

フリーランスや自営業、フリーターなどの厚生年金に加入していない第一号被保険者が任意に加入する年金です。掛け金は口数制となっており、何口加入するかによって将来の給付額が決まります。最大掛け金は月額6万8000円で、予定利率（2022年5月現在）は1・5％となっています。掛け金の全額が所得控除の対象になり、節税につながります。ただし、一度加入すれば原則、途中解約ができない制度となっています。

世界から見た、日本の年金制度の評価とは

ここまで日本の年金制度について解説してきましたが、世界の国々にも年金制度は存在し、成果を上げている国がいくつもあります。そうした国の制度を採り入れれば、日本の年金制度もよりよく変えることができそうですが、実際にはそう単純にはいきません。社会保障に対する考え方は、その国の歴史や文化、雇用習慣といったさまざまな背景に基づいて整備されてきたものであり、他国でうまく機能したからといって日本でも同様の成果が上がるとは限らないのです。

ただ、世界と日本との年金制度の差を推し量るためのひとつの指標としては、オーストラリアの研究機関であるモナッシュ金融研究センターとアメリカのコンサルティング会社マーサー社が、毎年発表している「マーサー・メルボルン・グローバル年金指数ランキング」というものがあります。これは、世界43カ国の年金制度を十分性（Adequacy）、持続性（Sustainability）、健全性（Integrity）の三つの指標により評価するというものです。現在の最新版である2021年のランキングで1位に輝いたのはアイスランドで、2

［図表４］　世界各国の年金制度の評価

制度	総合指数値	サブ指数値		
		十分性	持続性	健全性
アルゼンチン	41.5	52.7	27.7	43.0
オーストラリア	75.0	67.4	75.7	86.3
オーストリア	53.0	65.3	23.5	74.5
ベルギー	64.5	74.9	36.3	87.4
ブラジル	54.7	71.2	24.1	71.2
カナダ	69.8	69.0	65.7	76.7
チリ	67.0	57.6	68.8	79.3
中国	55.1	62.6	43.5	59.4
コロンビア	58.4	62.0	46.2	69.8
デンマーク	82.0	81.1	83.5	81.4
フィンランド	73.3	71.4	61.5	93.1
フランス	60.5	79.1	41.8	56.8
ドイツ	67.9	79.3	45.4	81.2
香港	61.8	55.1	51.1	87.7
アイスランド	84.2	82.7	84.6	86.0
インド	43.3	33.5	41.8	61.0
インドネシア	50.4	44.7	43.6	69.2
アイルランド	68.3	78.0	47.4	82.1
イスラエル	77.1	73.6	76.1	83.9
イタリア	53.4	68.2	21.3	74.9
日本	49.8	52.9	37.5	61.9
韓国	48.3	43.4	52.7	50.0
マレーシア	59.6	50.6	57.5	76.8
メキシコ	49.0	47.3	54.7	43.8
オランダ	83.5	82.3	81.6	87.9
ニュージーランド	67.4	61.8	62.5	83.2
ノルウェー	75.2	81.2	57.4	90.2
ペルー	55.0	58.8	44.2	64.1
フィリピン	42.7	38.9	52.5	35.0
ポーランド	55.2	60.9	41.3	65.6
サウジアラビア	58.1	61.7	50.9	62.5
シンガポール	70.7	73.5	59.8	81.5
南アフリカ	53.6	44.3	46.5	78.5
スペイン	58.6	72.9	28.1	78.3
スウェーデン	72.9	67.8	73.7	80.0
スイス	70.0	65.4	67.2	81.3
台湾	51.8	40.8	51.9	69.3
タイ	40.6	35.2	40.0	50.0
トルコ	45.8	47.7	28.6	66.7
アラブ首長国連邦	59.6	59.7	50.2	72.6
イギリス	71.6	73.9	59.8	84.4
ウルグアイ	60.7	62.1	49.2	74.4
アメリカ	61.4	60.9	63.6	59.2
平均	61.0	62.2	51.7	72.1

「マーサー・メルボルン・グローバル年金指数ランキング」(2021年)

位はオランダ、3位はデンマークと続きます。

では、日本の年金制度はどのように評価されたのかというと、36位と順位が低迷しました。この評価は日本の年金制度の質が明らかに世界に劣るというよりも、社会構造的な厳しさに原因があると私は考えています。世界で最も急速に少子高齢化が進み、すでに超高齢社会となっていることで、年金制度の維持が難しくなっている点がネガティブな評価につながった側面があります。

ただし、国が少子高齢化を言い訳にして何もせず、今後も年金の受給額の引き下げばかりを続けていくならより良い未来はありません。国民としても自分たちの将来に直結する話なのですから、ただ漠然と不安を感じているだけではなく、まずは一人ひとりが現状の制度を正しく理解し、課題を共有して、そのうえでより良い道はないのか、国を挙げて議論を続けていく必要があります。

［第3章］

何から始める？
お金の増やし方の基本

お金を得る方法は、二つしかない

老後に備え資産運用を考えるなら、その原資となるお金もできるだけ多く用意したいところです。当然のことながら月に1万円ずつ積み立てて運用するのと、3万円ずつで運用するのでは、数十年後の資産に大きな開きができます。

したがって、まずは資産運用の元手となるお金をいかに手に入れるかについて考えていきたいと思います。

お金を得る方法は、資産運用を除けば2つしかありません。

収入を増やすか、支出を減らすかです。

【収入を増やす】

収入が増えれば資産運用の原資に充てられるのは当然といえば当然ですが、現在の仕事においてすぐに収入を上げられるという人は多くはないと思います。

現在の仕事をしながら収入を増やす選択肢となってくるのが副業です。人々の働き方が多様化し副業を認める会社も多くなっている昨今、ダブルワークやトリプルワークをするのはもはや珍しくはありません。

ただし、いきなり無理をして昼夜を問わず働くようなことは、避けたほうが無難です。懸命に働いて順調にお金が貯まっていったとしても、身体を壊した時点で計画は崩れ結果として収入が途絶える恐れがあるからです。

副業はあくまで副業として、ある程度無理のない範囲で行えるものを選ぶといいと思います。例えば隙間時間でもできるネット副業を探したり、休日のうち数時間パートに出てみたり、健康維持を兼ねてチラシ配りをしたりといった具合です。仮にそれで月に2万円でも3万円でも収入が増え、それを毎月運用に回していくなら、これまでの生活水準を変えることなく老後の備えを増やしていくことができます。

そして副業は現実的に難しいという人でも、生活水準を変えずに老後の備えを増やす方法があります。

それが「ポイントを貯める」ことです。

クレジットカードや電子決済などを使った際には、必ずといっていいほどなんらかのポイントが付くもので、そのポイントは幅広い用途に使えるようになっており、使い勝手としては現金とほとんど変わらない印象です。

逆にいうと、できるだけ現金を使わずポイントの貯まる決済手段を用いていくだけで家計の追い風になるのです。

特に効果があるのは固定費でしょう。スマートフォンやインターネット料金をカード引き落としに設定しておくだけで、何もせずとも勝手にポイントが貯まっていきます。

またクレジットカードでは、年会費無料でも使用するたびにポイントが得られるものがいくつもあります。例えばあるショッピングサイトグループが発行しているカードは、1～3％（2022年6月現在）のポイント還元率です。総務省統計局の家計調査によると、2021年における4人家族の食費の平均金額は月に8万7017円となっていますが、それをすべてカードで支払い、2％のポイント還元を受けたとすれば月に約1740円、年間だと2万880円分ものポイントが貯まります。そしてそのポイントはグループが運営しているショッピングサイトや旅行サイトなどで現金と同等に使え、日用品や食料品を購入することも可能ですから、ただ食費をカード払いにするだけで年間2万円を捻出できるのです。

食費だけではなく、あらゆる支出を可能な限りポイントの貯まる決済手段に置き換えれば、その効果はより大きくなります。

なお、クレジットカードをはじめとした決済手段を選ぶ際には、それで貯まるポイントの使い道をあらかじめ想定しておくと、より自分に合ったものが見つかります。例えば航空会社が発行しているクレジットカードならポイント還元率は目立って高くありませんが、その分、各社の飛行機の特典航空券と引き換えることができる「マイル」が効率的に貯まるようになっています。もし「盆や正月は毎年、飛行機で実家に帰る」という家庭なら、貯まったマイルを航空券に引き換えることで、決して安くはない飛行機代を浮かせることも可能です。


【支出を減らす】

収入を増やすのに加え、日々出ていくお金を減らすというのも、運用に回す資金を生み出す手段のひとつです。

ただし支出を減らすためにいきなり生活費を限界まで切り詰め、爪に火をともすような生活をしても長くは続かないと思います。また、それが原因で健康を害し、収入が途絶えるような期間ができてしまえばまさに本末転倒です。

無理なく支出を減らすには、まず家計の整理から始めるのが大切です。例えば以下のように、支出をある程度細かく一覧表にしてみてください。

住宅費：9万円
車両費：1万4000円（駐車場、ガソリン代含む）
食費：5万円（外食含む）
通信費：1万5000円
教育費：1万5000円
夫の小遣い：3万円
衣服費：3000円
レジャー費：1万円

［図表５］　固定費の見直し

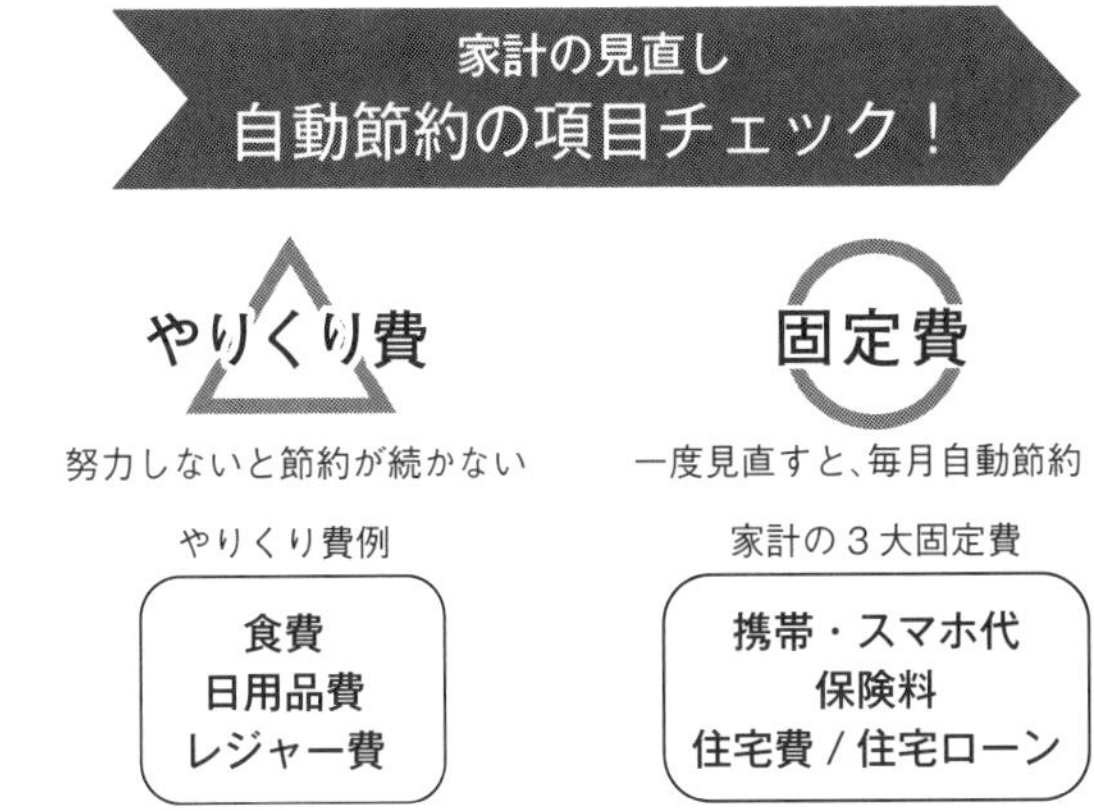

医療費：３０００円
保険料：２万７５００円

ここで多くの人は、食費や小遣い、衣服費、レジャー費といった項目の節約を考えがちです。もしこれらの支出の割合が明らかに多くなっているなら節約しやすいと思いますが、日頃からそれなりに意識しておさえているところを、さらに「節約、節約」と切り詰めてしまうのはおすすめできません。努力や我慢が必要なほど、節約は長続きしないからです。

支出の削減を考える際、最も見直すべき項目は、実は生活費や娯楽費よりも、「固定費」

です。具体的には、住居費、通信費、保険料という「家計の3大固定費」の削減を検討するといいと思います。

住宅ローンの見直しは、実はいつでも行うことができます。特に、契約時の金利が現在の金利水準より1％以上高く、ローン残高1000万円以上、支払い年数10年以上の場合にはぜひ見直すべきです。主に注目すべきは金利ですが、あわせて住宅ローンの借り換えの際にかかる事務手数料や保証料といった諸経費がどれだけかかるかもチェックしておき、総合的に判断するようにします。

通信費は料金形態が複雑なものが多く、そこで散財している家庭を多く見かけます。近年は新たな料金プランがどんどん登場し、全体的に割安になってきています。10年も前に契約したプランをそのままにしておくのではなく、まずは各キャリアの窓口でより自分や家族にとって最適なプランはないか相談してみるのが大切です。プランを整えるだけで月に5000円、1万円もの節約ができることはよくあります。

保険料も、現在加入している保険のプランが本当に適正なものかを再検討するといいと思います。保険商品のラインナップも日々更新されていますから、より低コストで自らが求める保証が得られるプランがあるかもしれません。

これら3大固定費は基本的に銀行口座からの引き落としに設定されているため、一度削減できればあとは努力せずとも自動で節約が進んでいくのが最大の特徴です。定期的に見直せば削れる部分をどんどん減らしていくことができます。

お金を貯める目的を定める

お金を貯めるうえでの大きなポイントは、「なんのために貯めるか」という目的をできる限り明確化しておくことです。

ただ「月に5万円」などと金額を決めるだけでは不十分です。貯めるのは同じ5万円でも、「老後のため2万円は運用に回す」「1万円は子どもの大学入学資金」「1万円は年末の旅行の資金」というように目的を明確にしておくと、モチベーションが保ちやすいです。

そうしてお金の目的を定めていくのは、実は自分の人生と向き合うことでもあります。

例えば教育資金を想定するなら、子どもが何人欲しいのかをイメージする必要があります。住宅ローンについて計画するなら、その前にどんな家が欲しいのかをある程度、具体化しておかねばなりません。

したがって、貯蓄の目的を定めるうえでは、ライフプランが何よりも重要になってきます。自分がどんな人生を送りたいのか、老後にはどのような生活をしたいのかをイメージし、そこから逆算して20代、30代、40代、50代の自分の行動を定めるとともに、いくら貯蓄すべきかや、その時々で何にお金を回すべきかを考えていくのが大切です。

まずは一度、自分の思い描くライフプランを書き出してみることをおすすめします。

代表的なライフイベントとその支出

人生のあり方はさまざまで人の数だけライフプランがありますが、一般的に多くの人が経験するライフイベントについてあらかじめ想定しておくとより計画的に貯蓄が行えます。特に子どもの教育、住宅の購入、そして老後資金は、「人生の3大支出」といわれており、事前に備えるべきイベントです。

ここで、代表的なライフイベントにまつわる支出について整理します。

【結婚・出産】

厚生労働省「令和2年（2020年）人口動態統計月報年計（概数）の概況」によると、2020年の時点での平均結婚年齢（初婚）は、男性が31歳、女性が29・4歳となっています。

結婚式は、「一生に一度だから」という思いから、やりたいことをあれもこれもと選んでいくなかでつい金銭感覚がマヒしがちです。民間の調査などを参考にすると、挙式費用、結婚指輪代や新婚旅行代なども含む総合的な費用は400万円から450万円となっています。結婚式で受け取るご祝儀を考慮しても100万円から200万円ほど支払うケースが多いようで、特に若い世代にとってはかなりの支出となり、計画的な貯蓄が求められます。

続いて出産ですが、令和2年（2020年）版の内閣府「少子化社会対策白書」によると、初めて出産する女性の平均年齢は30・7歳（2018年）となっています。出産にまつわる支出については厚生労働省の資料によると、2019年度の出産費用は全国平均で

46万2１7円となっています。ただこれはあくまで平均値であり、実際には病院や出産法によって値段が変わってくるため個人差があります。

なお、出産費用は健康保険の対象外となっていますがそれを補う形で、「出産育児一時金」があります。健康保険に加入していれば、妊娠85日以上で出産する場合、子ども一人につき42万円の助成金が出る制度です。付加給付金がある健康保険に加入している場合は、42万円プラス付加給付分の金額が受け取れます。ただし、産科医療補償制度加算の対象でない病院で出産した場合や、22週未満で出産した場合の支給額は40・8万円です。

そのほかに、健診を行う際にも1回あたり5０００円から1万円の費用がかかりますが、自治体の多くではその何割かを助成する制度があります。

妊娠出産に対する公的補助は手厚くなっており、自己負担の額は5万円から15万円程度で済むケースが多いようです。

【子どもの教育】

そしてまた、働き盛りの40代、50代において最大の支出のひとつとなるのは子どもの教育費です。

幼稚園から大学まで、公立か私立かで教育費は大きく変わってきますが大きな支出であることには変わりません。ちなみに幼稚園の平均的な教育費は公立72万9962円であるのに対して私立161万1457円、小学校は公立200万3070円に対して私立824万0327円、中学校は公立141万4387円に対して私立380万5593円、高校は公立156万1758円に対して私立313万1439円、大学は国立293万3400円に対して私立579万9058円となっています（文部科学省調べ）。したがって幼稚園から高校までをすべて公立、大学は国立を選

［図表6］　大学卒業までにかかる教育費

（単位：円）

区分	学習費等（※）総額					合計
	幼稚園	小学校	中学校	高等学校	大学	
高校まで公立、大学のみ国立	662,340	1,821,397	1,379,518	1,175,267	2,626,400	7,664,922
すべて公立	662,340	1,821,397	1,379,518	1,175,267	2,697,200	7,735,722
幼稚園及び大学は私立、他は公立	1,610,918	1,821,397	1,379,518	1,175,267	5,267,200	11,254,300
小学校及び中学校は公立、他は私立	1,610,918	1,821,397	1,379,518	2,755,243	5,267,200	12,834,276
小学校だけ公立	1,610,918	1,821,397	3,839,621	2,755,243	5,267,200	15,294,379
すべて私立	1,610,918	8,810,687	3,839,621	2,755,243	5,267,200	22,283,669

※幼稚園～高等学校：学校教育費及び学校外活動費の合計
大学：授業料、その他の学校納付金、修学費、課外活動費、通学費の合計（学費）

幼稚園～高等学校：文部科学省学校「平成22年度子どもの学習費調査報告書」に基づいて作成
大学：独立行政法人日本学生支援機構「平成22年度学生生活調査報告」に基づいて作成

択した場合の平均的な教育費は、合計で864万2577円です。また、幼稚園から大学まですべて私立を選択した場合は、合計2258万2874円にも及びます。

こうした大金をいきなり用意するのはなかなか難しく、仮に用意できるとしてもそのおかげで貯蓄を切り崩したり運用を停止したりすれば、ライフプランが狂ってしまいます。あらかじめ想定し、子どもが18歳になるまでにある程度まとまった額を貯めておきたいところです。なおどうしてもお金が足りない場合には、教育ローンや奨学金という制度の利用を考えることになるでしょうが、これらはあくまで借金でありいずれは返さねばならないもので、その返済も資金計画に組み込む必要があります。

【住宅】

人生最大の支出といえるのが、住宅に関する費用です。

住宅に関して私はよく「購入が得か、賃貸が得か」という相談を受けますが、購入か賃貸かの前にまずは住宅購入のメリットとデメリットを考えてみます。

住宅を購入するメリットとしては、家が自分のものになり好きなように使えるという点があります。また、老後までに住宅ローンを完済できれば、生活資金に余裕ができるはずです。

一方で住宅購入の際にはある程度の自己資金が必要であったり、住宅ローンの他に修理やメンテナンス、固定資産税などの維持費用がかかったりといったデメリットもあります。一度購入してしまえば基本的にはそこに長年住み続けることになり、ライフスタイルの変化に柔軟に対応するのは賃貸に比べやや難しくなっています。

もし住宅を購入するなら多くの人は住宅ローンを利用するはずですが、最初に物件を見つけ、そこからローンの計画を立てていくというやり方をするなら注意が必要です。住宅選びも、結婚式と同じで「一生の買い物だから」と金銭感覚が狂い、予算オーバーになりやすいからです。住宅メーカーの営業マンなどは「大丈夫、今の家賃と同じ額で住めますよ」と、甘いささやきをしてきます。「シミュレーション上で確かにそうなっているし、予算オーバーでもまあいいか」と契約してしまうと、返済が厳しくなりかねません。そうしたシミュレーションが、固定金利より金利の低い変動金利での計算によるものであれば、この先10年、20年で金利が上がる可能性があります。

住宅の購入を検討する際には、物件探しの前、月々いくらなら無理なくローンを支払っていけるかを、あらかじめシミュレーションしておくのが大切です。例えば「住宅金融支援機構」のホームページでは、毎月の返済額から借入可能金額を計算するシミュレーションが簡単にできます。

無理のない住宅ローンの借入金額の目安としては、年収の5倍から6倍といわれており、現役世代のうちにそれを完済できるよう、借入年数を設定しておくといいでしょう。なお借入金額が大きくなればそれだけ総返済額も返済期間も長くなってしまうため、住宅購入にあたってはある程度自己資金を用意し、借入額を抑えるのも重要です。頭金として準備する額は、物件価格の2割が妥当といわれます。また、住宅の購入にはローンの手数料や不動産取得税、登記費用といった諸経費がかかり、それらは物件費用の1割ほどになります。総合すると物件費用の3割、例えば3000万円の住宅を求めるなら、自己資金で900万円ほど準備できれば、ある程度余裕をもった返済プランを組むことができるはずです。

【老後】

多くの人が現役世代を終え、老後に入る60歳以降にも代表的な支出があります。

まず押さえておかなければならないのは医療費です。総務省の「家計調査（家計収支編）2020年」によれば、1世帯あたりの保険医療費は、世帯主が60～64歳の世帯で月に1万4815円、65～69歳で1万7281円、70～74歳で1万6240円、85歳以上でも1万7625円となっています。保険制度による高額療養費制度などで自己負担がおさえられていることもあり、夫婦で月に2万円ほどあれば十分対応できそうです。

もうひとつ外せないのが介護費用です。訪問介護や施設でのデイサービスといった介護サービスの多くは、介護保険により自己負担1～3割で利用できます。保険が適用されない諸経費などを含めても、在宅介護だと月に5万円ほどの支出が平均的です。

ただし介護施設を利用するなら、支出は大きくなります。入居金の平均は500万円で、そのほかに月々平均15万円のお金が出ていきます。

自分だけではなく家族に介護が必要になることも想定すると、なんらかの形でほぼ確実に介護関連の支出があると考えておくべきです。

そのほかに住宅のリフォーム費用も、老後にかかることの多い支出です。25年、30年で住宅ローンを支払い終えたあとこそ修繕が必要になってきます。一般社団法人住宅リフォーム推進協議会の「平成26年度住宅リフォーム実例調査」を参照すると、築30年以上の住宅においてリフォームの平均費用は約757万円となっており、リフォーム費用に1000万円を超える費用がかかった割合はマンションでは11・7%、戸建てだと43・5%に達するといいます。

補修以外にも、自宅で介護をするためのバリアフリー化もリフォームに踏み切る要因の一つです。

貯蓄額の目標を決めるならこのようなライフイベントを想定し逆算して考えていくといいのですが、実際の人生がプランどおりに進むかは誰にも分かりません。

そこで道を一つだけに絞らず、「結婚するなら」「子どもができたら」「シングルで過ごすなら」というようにいくつかシミュレーションしておくと、より応用の利くプランになると思います。また、ライフプランは一度決めたら終わりではありません。世の中や自分自身の価値観の変化に合わせ、定期的に見直す必要があります。

なお、もし自分のライフプランがあいまいで明確にアウトプットするのが難しいと感じるなら、プロの力を借りるのも一つの選択肢です。ライフプランの設計を得意とし、お金のドクターともいわれるファイナンシャルプランナーが心強い味方になります。

貯蓄するお金を三つに分類する

代表的なライフイベントとそれにまつわる支出について理解し、大まかにでもライフプランを組んだなら、さっそくその実現のための貯蓄を始めてほしいと思います。

私が保険の営業マンとして日々、顧客と接するなかで感じるのは、お金をきっちりと貯めていける人とそうでない人がいるということです。そしてまた、お金を貯められない人にはいくつかの共通の傾向があります。最も多い傾向は、「散財癖」です。無駄な買い物が多かったり、趣味がギャンブルだったり、旅行で景気よく散財したりと、あまり深く考えず手元にあるお金を使ってしまう人が貯蓄を苦手とするのは当然といえば当然です。

もう一つよくある傾向としては、「計画性のなさ」が挙げられます。お金をいつ、どのように使うかまでを考えずになんとなく貯蓄するのでは、モチベーションを保つことはできません。明確な目標とそこに向かうための計画がないために挫折するケースがよく見られます。

では逆にお金を貯めるのが得意な人にはどんな共通の傾向があるのかというと、誰もが必ず行っているのが「家計の収支管理」です。給与やボーナス、副業など、どの月にいくらの収入がありそれをどのように使ったか、缶コーヒー一本の支出まで正確に把握しているような人は、その月に使っていいお金、貯蓄すべきお金もしっかりと定めることができ、計画的にお金を貯めていけます。

とはいえ、いきなり家計の収支管理を1円単位まで行ったうえで、貯蓄すべきお金を目的ごとに細かく定めるのは、なかなかハードルが高いと思います。

まずは、貯蓄するお金をざっくりと三つに分類します。「人生を充実させるお金」、「万一に備えるお金」、「老後のためのお金」の三つです。

人生を充実させるお金は、旅行や趣味といった行楽費に加え、結婚資金、子どもの教育費や住宅ローンなどライフイベントに対する貯蓄を含みます。万一に備えるお金は病気やけが、事故といった予期せぬ出費に備えるもので、保険もこの範疇に入ります。そして、老後のためのお金もできるだけ早くから貯蓄しておくべきです。

お金が分類できたら、自らのライフプランに照らし合わせてそれぞれの項目の総額はいくらになるか大まかな金額を算出してみます。

そしてそのうえで毎月いくら貯蓄するのかを算出し、その金額を「自動口座引き落とし」に設定して別の口座で管理するようにすれば過度の散財を予防でき、着実にお金が貯まっていくはずです。

家計の埋蔵金「用途不明金」を見つけ出す

家計の収支管理を行い支出が整理されてくると、必ずといっていいほど出てくるのが「このお金、いったい何に使ったんだろう」という用途不明金です。

例えば日々のコーヒー代やふと目に留まった雑誌を買うお金、コンビニでなんとなく手に取って買った商品の代金など、これといった目的をもたずに使ったお金が積み上がっていった結果1万円、2万円という額の用途不明金となるケースが多いです。

アメリカの資産コンサルタント、デヴィッド・バックは、こうして無意識に使ってしまう少額のお金のことを「ラテ・マネー」と呼びました。彼の著書によると1杯10ドル程度のコーヒーを毎日飲み続けるとしてその金額を積み立て、年利10％で運用していくと、40年後には約2億円もの資産となるといいます。

物価も年利も違う日本では、この例えはなかなかしっくりこないでしょうが、例えば大手コーヒーチェーンでスモールサイズのラテを毎日購入すると、1カ月で1万2000円前後の額となります。それを積み立て年利5％（複利）で30年間運用したとすると、約1000万円を貯めることができます。

何も「嗜好品は止めて節約せよ」というわけではありません。こうして日々無意識に使っている少額のお金も意識して管理し、さほど必要のないものを買うのを止めてその金額を貯蓄に回すだけで、20年後、30年後にはかなりの額になるというのを知ってほしいのです。

家計の用途不明金はその内容を突き止めうまく節約することで、新たな資産づくりの原資にもなる「埋蔵金」というべき存在なのです。

この家計に眠る埋蔵金を発掘するためには、まずは使ったお金のすべてを記録しなければなりません。家計簿をつけてもいいですし、お金を使うたびにメモ帳などにひたすら記録していってもいいでしょう。レシートをもらって管理する方法もありますが、もらい忘れや紛失の可能性があるのでその都度、書いて残すことをおすすめします。

すべての買い物を一枚のカード（または電子マネー）で行うようにするというやり方は、とても有効です。その明細を見れば、何にいくら使ったのかが一目瞭然ですし、ポイントも貯まって一石二鳥です。そうしてあらゆる支出を記録し、無駄な買い物を見つけ出して意識的に減らしていくのが家計管理の肝といえます。

このようにして投資に回す原資の当てがついたら、いよいよ実際に資産の運用を始めていきます。

［第4章］

投資信託を買って、着実に資産を築く

代表的な投資先の基礎知識を知る

投資という言葉を辞書で引くと「利益を得る目的で、事業、不動産、証券などに資金を投下すること」というような解説があります。より具体的に示すなら株や投資信託、FX、国債といった金融商品や不動産などを購入し、それらがもたらす利益でお金を増やしていくのが投資です。

したがって投資を始めるなら自分がどんな対象に資金を投じ、増やしていくかを検討する必要があります。

ひとくちに投資といってもさまざまな種類がありますので、まずは代表的な投資についてその概要を整理します。

【株式】

数ある投資のなかでも最もメジャーといえる金融商品です。企業が発行する株式を売買し、その売却益や配当金などによって利益を得ます。

株式投資により期待できる主なリターンは、買った値段から株価が上昇したときに得られる「キャピタルゲイン（値上がり益）」です。例えば1株1万円の株式を買ったとしてその株価が1株1万2000円に上がったなら、それを売れば2000円の売却益が得られます。また株式の所有者は発行元の企業の出資者である「株主」となり、その株を所有することで生まれるメリットもあります。企業によっては利益の一部を配当金として株主に還元しているほか、持ち株数に応じて自社製品やサービスに対する優待券などを提供する「株主優待」を行っているところもあります。

一方でデメリットとしては元本保証がなく株価が下がれば損失が発生します。もし投資した企業が倒産すれば、株式の価値がゼロになる恐れもあります。また株の売却においては手数料が発生しますので注意が必要です。

【債券】

国や企業などが発行元となり、資金を借り入れるために発行する有価証券です。仕組みとしては投資家が債券を購入してお金を貸す代わりに発行元は定められた返済期間（満期）をむかえた際、元本に加え利息（金利）を支払うというものです。債券の種類としては国が発行する「国債」、自治体が発行する「地方債」、企業が発行する「社債」などがありますが、投資初心者におすすめなのは最も安定した運用が見込める国債です。

個人向けとして流通する国債には満期が3年、5年、10年といった種類があります。債券は基本的に長期で保有するほど金利が高くなっていきますが、個人向け国債の固定金利は5年で0・05％ほどで決して高いとはいえません。しかしその一方で国が破綻しない限り元本は保証され、かつ1年以上保有すれば元本割れすることなく中途換金が可能といったメリットがあります。

【外貨預金】

日本円をドルやユーロといった外貨に換えて行う資産運用です。

利益を上げるポイントとなるのは為替レートです。例えば1ドル100円のときに10万円をドルに変え、1000ドルの外貨預金をもったとします。そこから為替レートが変動し1ドル130円になったなら預金されている1000ドルの価値は13万円となり、円に両替すれば3万円（為替手数料を除く）の利益が得られることになります。

またアメリカドルやユーロなどの外貨の金利は各国の水準に基づいて設定されるため、多くは日本の銀行の金利よりも高い利息を受け取ることができます。

一つ注意しなければならないのは、外貨預金を行う際には必ず「為替手数料」が発生するという点です。1ドル100円だった為替レートが102円になったため円に両替しようと考えたとして為替手数料が「1ドルにつき2円」かかれば利益はゼロになってしまいます。近年はインターネットでの取引が普及し窓口で手続きをするより為替手数料が安くなっていますから、インターネットバンキングの活用がおすすめです。

【FX】

「外国為替証拠金取引」のことで、FXという呼び名は「Foreign Exchange＝外国為替」に由来しています。

外貨預金と同様の構造で利益を出しますが、最大の特徴は、「証拠金取引」という仕組みにあります。証拠金を担保にその何倍もの取引を動かすことができ、それを「レバレッジ」といいます。例えば1ドル100円のときに1000ドルを買おうとすれば、外貨預金なら10万円（プラス為替手数料）が必要となります。しかしFX取引で「25倍のレバレッジをかける」と25分の1の証拠金すなわち4000円あれば1000ドル分の外国為替取引ができます。そこから1ドル130円になれば保有する1000ドルの価値は13万円となり、円に両替すると3万円（為替手数料を除く）の利益が得られます。つまり4000円の元手が3万4000円に増えたわけです。

ただしレバレッジをかけて少額で大きな取引をしようとするほど、損失も大きくなります。先ほどの例で1ドル90円まで下がってしまえば、保有する1000ドルの価値は9万円となり1万円（為替手数料を除く）の損失です。4000円の元手を失うばかりか、さらに6000円の損失が出てしまいます。つまり元手に用意した資金の倍以上の損失が出ていることになります。

なおFXを取り扱う多くの金融機関ではレバレッジ取引において一定以上の損失、例えば証拠金を上回るような損失などが出た時点で強制的に外貨を売却して「ロスカット」を行い、損失を確定させるという仕組みを導入しています。それでも元本がゼロになるリスクは残り、レバレッジをかけるほど取引はハイリスクになるので、老後の資金づくりの選択肢にはなりにくい取引といえます。

【投資信託】

投資家から集めた資金を運用のプロであるファンドマネージャーが国内外の株式や債券、不動産などさまざまな資産に投資し、運用益を投資家で分配するというのが投資信託の仕組みです。複数の資産に分散して投資を行うことがリスクヘッジとなっており、ある程度安定した運用が期待できます。

大きな特徴といえるのは資金を募ってまとめて運用するという性質上、少額から購入できることです。ほとんどの商品が月々1万円から購入できます。また運用をプロに任せるため、金融や経済といった知識に不安がある人でも買いやすくなっています。

デメリットとしては経費がかかることが挙げられます。

投資信託を購入するたびに発生する販売手数料、プロによる運用管理の費用である信託報酬、途中解約を行う場合に支払うことになる信託財産留保額などが代表的な経費といえ

［図表7］ 投資信託とは

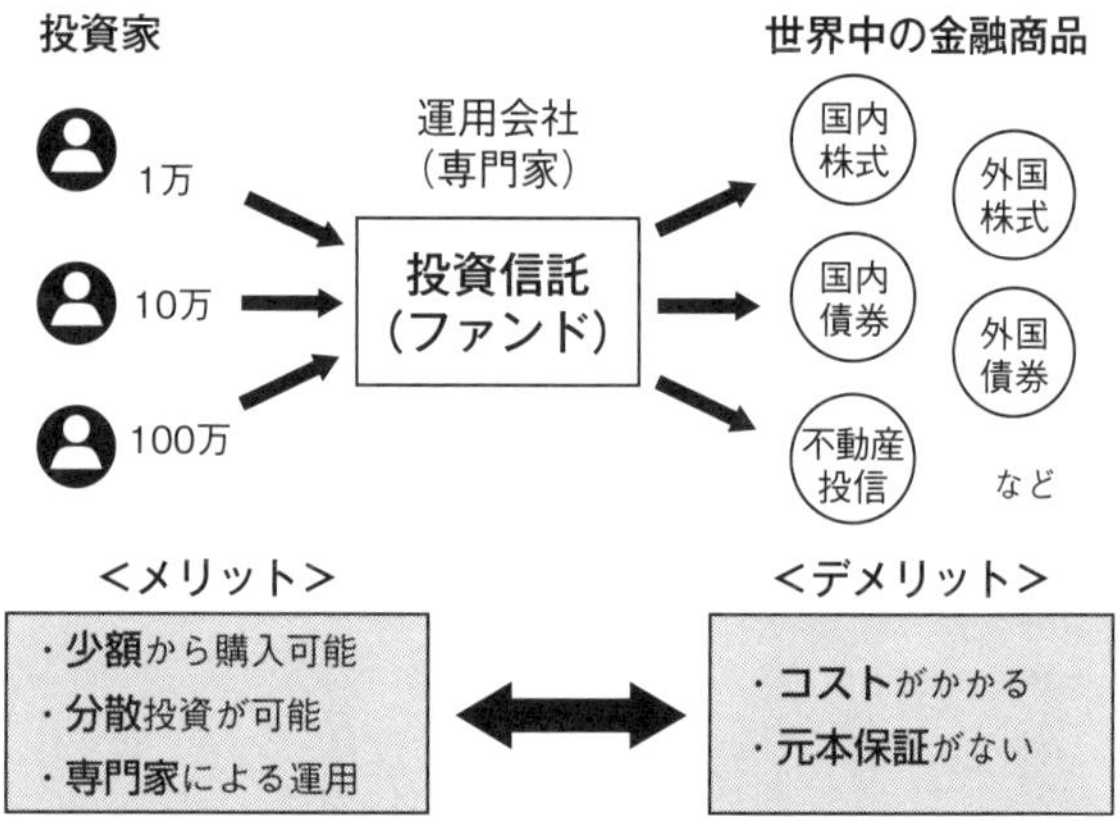

ます。特に信託報酬はその投資信託を保有している期間中定期的にかかる費用です。年率で表されるケースが多く、例えば「信託報酬1%」の場合は保有額に対し年率1%が運用会社に信託報酬として支払われます。この利率が0・5%違うだけでも、10年後、20年後には何万円もの差になってくることがよくありますから、確認する必要があります。

【保険】

加入して保険料を払い込み万が一の事態に備えるのが保険ですが、実は資産運用の機能をもっているものがあります。

例えば終身保険や養老保険、学資保険と

いった「貯蓄型保険」のなかには毎月一定額を積み立てていき一定期間以上加入し続けると、払い込んだ保険料以上のお金を受け取れる商品があります。

最大の特徴といえるのが資産運用の機能と、万が一の際の保険という機能を両立していることです。また該当する保険商品に加入するだけで自然に運用できるという手軽さも魅力です。生命保険や個人年金保険に支払う保険料は生命保険料控除の対象となるため、所得税や住民税の節税にも役立ちます。

基本的には年利が5％、10％というような商品ではなく1％前後のものが目立ちますが、その分安定した運用が期待でき着実に資産を増やすにはうってつけの商品であるといえます。

【不動産投資】

マンションやアパートといった不動産を購入し、その家賃収入や売却益などで利益を得る投資方法です。個人で不動産投資を行うなら、マンションやアパートを購入するための多額の資金が必要となります。無事に購入して入居者を確保できている限り安定して収入が入ってきますが、借り手がつかなくなれば損失が出る可能性もあります。
なお不動産投資にも投資家から集めた資金をプロがビルやマンションといった不動産に投資する「ＲＥＩＴ（不動産投資信託）」という金融商品があり、少ない資金で投資を始めることも可能です。

【仮想通貨】

電子データでのみやりとりされる通貨であり、２００９年に運用が始まった「ビットコイン」が最も有名かもしれません。法定通貨と仮想通貨を交換する仮想通貨取引所が登場したことで広く投資対象となりました。
なおビットコインは値上がりを続け、２０２０年の1年間で6倍以上となりました。短期間で大きな利益を狙える可能性のある金融商品ですが、反面、非常に値動きが激しくなっており一夜にして暴落するリスクもあります。今後仮想通貨がどのように発展していくかは未知数ですが、少なくとも現在において20年、30年といった長期的な投資に向いている商品ではないといえます。

リスクとリターンは、「コインの裏表」

金融商品仲介業者の株式会社Ｆａｎが２０２１年に行った投資に関するイメージ調査では、一般の人々に対し「投資にどのような印象を持っているか」と質問したところ、「ギャンブルのような怖さ」（45％）、「専門性の高い難しさ」（22％）などネガティブな選択肢を選ぶ人が多いという結果となっています。日本人が欧米人に比べ投資に消極的であるというのがよく表れたデータであると思います。

投資によって利益を得ることができる一方で、時に損をするリスクがあるのは確かです。例えば購入した株が下落し、投資した金額よりも価値が下がった段階で売却せざるを得なくなれば損をしたことになります。不動産においても同じことが起こり得ます。

この投資に関するリスクこそが「ギャンブル」「怖い」といったイメージにつながる要因であると思います。

ただリスクをとるからこそ、リターンを得ることができるというのも事実です。なんのリスクもとらずにリターンだけを得るのは不可能です。

［図表８］　投資に関するイメージ調査

「投資」にどのような印象を持っていますか？（重複回答可）

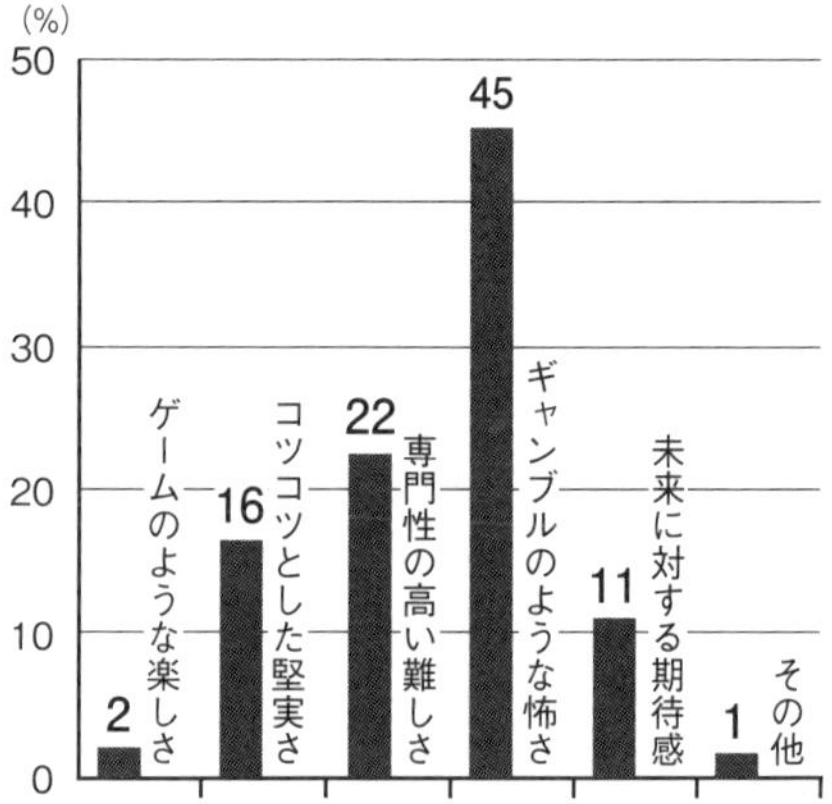

株式会社 Far「投資に関するイメージ調査」（2021年）

　このリスクとリターンの関係性は投資に限らず世の中の法則でもあり、私たちは日頃無意識にリスクをとって暮らしています。

　例えば「事故にあうのが怖い」と、一生部屋に閉じこもったりはしないでしょう。事故にあうリスクをとってでも外出し、仕事をしたり趣味を満喫したりすることで金銭やストレス解消といったリターンを得ているともいえます。

　リスクとリターンというのはいわばコインの表と裏の関係といえ、リターンを得るためにはリスクも受け入れる必要があります。またコインの大きさはリスクとリターンの大きさを表し、リスクが小さければリターンも小さく、ハイリスクならハイリターンを得られるのです。

資産形成において最も消極的な資産運用といえる銀行への預金は確かに損をするリスクはほぼありません。しかし運用としては限りなく効果の低い手法であるといえます。

では何千万円にも及ぶ老後の資金をつくるには、高いリスクをとった運用をしなければいけないのかというと実はそうではありません。

結論を先にいうのなら、投資のリスクというのは「時間を味方につける」ことで大きく低減することが可能です。

時間こそ、最も貴重な資産

投資を語るうえで外せない要素といえるのが時間です。投資におけるリスクとリターンは時間と密接に結びついています。

例えば株式やＦＸで短時間でより高いリターンが見込めるものがあるなら、それは裏を返せば短時間で損失が出る可能性も大きく、リスクの高い商品であるといえます。もちろん「高いリスクをとってでも短時間でリターンを得たい」という人もいるでしょうが、そうした手法は投資というより「投機」と呼ばれるものです。

一例を挙げるなら、金属の相場は常に上下動しており、同じ1kgの金や銀でも今日と明日では値段が違います。1kg８６０万円で買った金が次の日に９００万円に値上がりしたとして、そこで売れば1日で40万円の利益が確定するわけです。逆にその値が８００万円まで落ちたなら1日で60万円の損失を被ります。こうして確実性が低くリスクが大きいからこそ、リターンが大きくなっています。

このような投機は実は投資とは方向性がまったく異なります。投機はギャンブル性が高く、時に大きな資産を一瞬で失いかねない怖さがあるものです。この投機と投資を混同している人が多いからこそ、「投資はギャンブル」という誤った認識が社会に広まっているのだと思います。

では投資と投機の違いは何かというと投資は基本的に長い時間をかけて行うものであり、そうしてリスクを抑え、着実にリターンを得ることを目的としています。

例えば景気や社会情勢などの影響で現在は値が下がっている株式も20年、30年というスパンでみれば、その会社、ひいては業界や社会が緩やかにでも成長していく限り平均値は必ず上昇し着実に利益を生んでいきます。

投機と投資の関係が示すのは基本的に時間とリスクはトレードオフであり、時間を短縮するならリスクが大きくなり、逆に時間をかければリスクが小さくなるということです。これは絶対の原理原則であり、あらゆる投資に当てはまります。

「投資には興味があるけれど失敗が怖い」「一生懸命働いて貯めたお金を失いたくない」といった理由から投資に踏み切れない人もいるでしょうが、人生の時間は有限であり先延ばしにするほど投資で得られるリターンも少なくなっていきます。

投資において最も重要な資産は時間であるというのを心に刻んでほしいと思います。

必要な知識を身につけ、リスクを見極める

時間以外にも投資に関するリスクをコントロールするための要素があります。それが「知識」、すなわち金融リテラシーです。

日常においても知識をもち客観的に現実を把握することでリスクを正確に見極め、それが正しい判断につながるケースはよくあります。

一つ例を挙げると、飛行機を乗ることに対して怖い、不安という印象がある人はそれなりに多いと思います。実際に「飛行機は事故が怖いから」と長距離の移動を新幹線や車に頼っている人もいるかもしれません。

では実際に飛行機事故が起こる確率はどれくらいかというとアメリカの国家運輸安全委員会（NTSB）が行った調査では、飛行機に乗って死亡事故に遭遇する確率は0・0009％であり、アメリカ国内に限るなら0・00034％まで低下するそうです。

この数値に基づけば週に一度のペースで50年間、飛行機に乗り続けたとしても事故にあう可能性は限りなく低く、年に数回しか乗らないなら事故の確率はほとんどゼロとなります。この確率と「短時間で遠くまで移動できる」というリターンを天秤にかけ乗るかどうかを判断すべきです。

ちなみに自動車を運転して起きる死亡事故の確率は0・03％といわれ、飛行機と比べればはるかにリスクのある交通手段であるといえます。したがって本当は飛行機で素早く移動したいのに事故が怖いからと車で移動していたなら、リスクを過剰に見積もっていたことによって行動にロスが生まれていたということになります。

このように客観的な情報に基づき、できる限り正確にリスクを把握することで初めて得られるリターンの多寡についても判断できるようになります。

投資の世界においても知識と情報は重要な指標となるものです。それらを豊富にもち判断材料としているのが投資のプロフェッショナルである投資家で、だからこそ成果を上げられるのです。素人の状態からいきなり投資家レベルの知識を身につけるのは至難の業ですが、少なくとも金融に関する基本的なリテラシーを学ぶことは誰にでもでき、それが投資でしっかりと成果を出すためのベースとなります。

投資における具体的なリスクとは

投資のリスクにはさまざまな種類があります。なおリスクという言葉は直訳すれば「危ない」という意味ですが、投資の世界においてリスクとは単なる損を指すのではなく得をする可能性も含め「価格がどうなるか分からないこと（不確実性）」を意味します。

・リスクその１「価格変動リスク」

購入した株式や投資信託などの値が上下する可能性のことで、特に株取引にはつきもののリスクです。

株取引は買い手と売り手が存在して初めて成立します。株を発行する企業の業績がよかったりヒット商品が出たりすれば、より多くの人が株を購入したいと考え結果的に株価が上がりますし、逆に不祥事などがあれば株を手放したい人が増え株価が下がります。

こうした需要と供給による値動きが株価変動の要因の一つです。

そのほかにも世界の経済動向や政治情勢など、さまざまな要因によって価格は上下します。

なお株式を組み入れている投資信託などにもこのリスクが存在し、投資信託のなかで株式の割合が多いほど影響を受けやすくなります。

・リスクその２「信用リスク」

株式と並び代表的な投資対象である債券について、その発行元である国や自治体、企業

［図表9］　国債評価

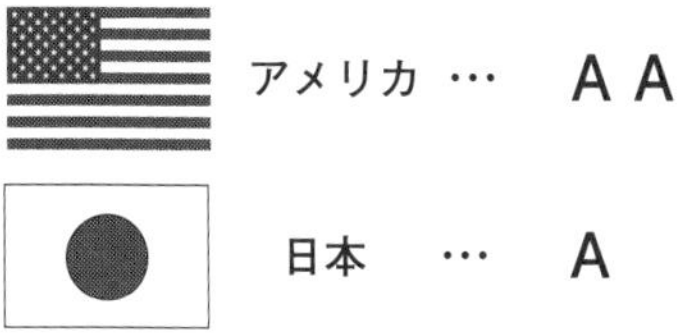

AAA/	信用リスク最小限	「投資適格級」
AA/	信用リスクが極めて低い	
A/	信用リスクが低い	
BBB/	信用リスクは中程度	
BB/	相当のリスク	「投資不適格級」
B/	信用リスクが高い	
CCC/	信用リスクが極めて高い	
RD/	選択的デフォルト・一部債務不履行	
D/	債務不履行	

が財政難や経営不振に陥り利息の支払いや運用期間が終了して払い戻す償還金の支払いができなくなる可能性を「信用リスク」といい、「債務不履行（デフォルト）リスク」とも呼ばれます。信用リスクが低いほど安定した運用が期待できる国債や債券といえます。

信用リスクを測る物差しとして、「格付け」があります。

格付けは国債や債券の発行元とは利害関係のない第三者機関が発行元の信用度を調査し、符号で表したものです。例えばアメリカの格付け会社であるスタンダード・アンド・プアーズ社は信用リスクが最も低く最高評価の国債や債券について「ＡＡＡ（トリプル・エー）」、次に信用リスクが低く評価の高い国債や債券は「ＡＡ（ダブル・エー）」といった符号で信用リスクを表現しています。「ＡＡ」の後は「Ａ」「ＢＢＢ」「ＢＢ」「Ｂ」「ＣＣＣ」と続いていき、「Ｃ」が最も信用リスクが高い評価です。

一般的には投資先として適切なのはＢＢＢ以上とされています。なお同時期に発行された債券において、信用リスクの高い債券のほうが低い債券より利回りがよくなる傾向があります。

・リスクその３「流動性リスク」

取引が成立せず金融商品を手放したいタイミングで売れなくなったり、著しく低い値段で売らざるを得なくなったりする可能性を流動性リスクといいます。ちなみに投資における流動性とは資産の現金化のしやすさのことであり、例えば銀行の預金は基本的にいつでも現金に変えられるため流動性が高く、逆に不動産などはすぐに現金化するのが難しいので流動性が低いといえます。

流動性リスクが高まる事態としては、例えば自分が保有する株式の発行元である企業が粉飾決算などを行った結果、上場廃止に追い込まれるようなケースがあります。

上場廃止になってもその企業が倒産しない限りは配当を受け取る株主としての権利は消滅しませんが、市場を通じた株式の売買ができなくなります。

なお上場廃止が決まった株式の銘柄は各取引所の整理ポストに移され、これが投資家に提供される最後の売買の機会となります。整理ポストに入ってから約1カ月で上場が廃止されるため投資家はその間になんとか株を売ろうとし、多くの場合売り注文が殺到します。しかし上場廃止が決まっている銘柄を改めて買おうと考える投資家はほとんどいないため売買が成立しなくなるというのが、流動性リスクが極めて高くなった状態です。

・リスクその４「金利変動リスク」

金利の変動により金融商品の値が変動する可能性を金利変動リスクといい、主に債券の価格が大きな影響を受けます。具体的には、金利が上昇すれば債券価格は下落し、反対に下落すれば債券価格が上昇します。

［図表 10］ 投資に関する５つのリスク

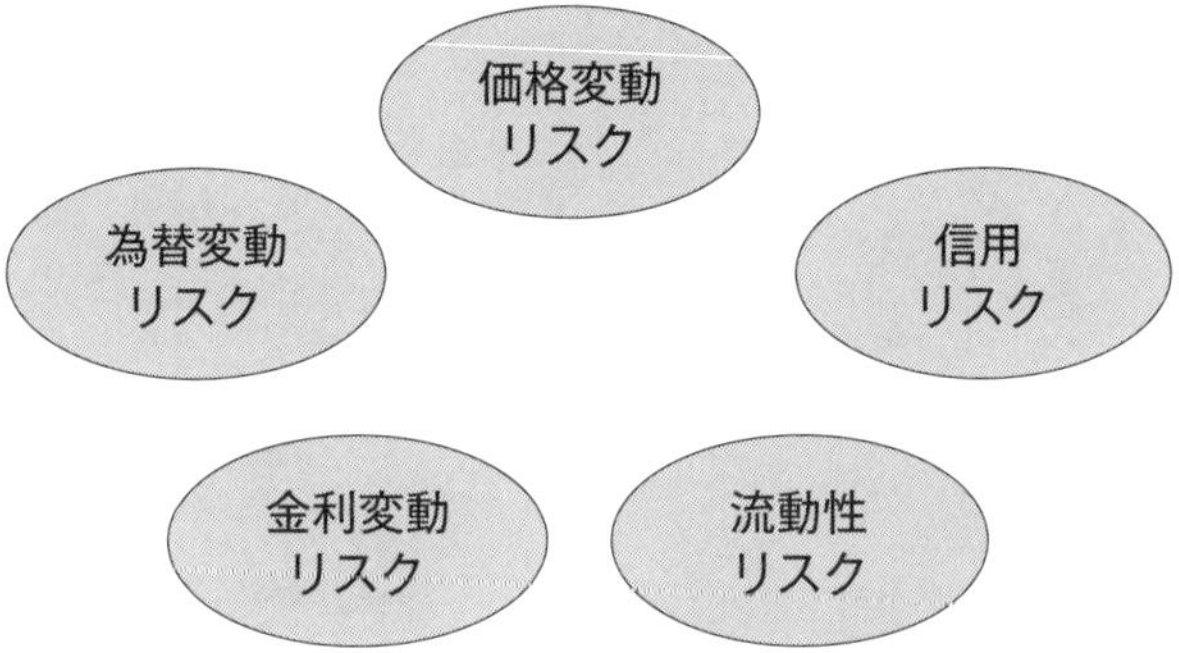

債券の金利はあらかじめ決まっているものですが、満期前でも売買できますから買ったときより市場の金利が上がっていれば古い債権を手放してより有利な債権を買おうという動きが出るため、債権の価格が下落するというメカニズムになっています。市場の金利が下がった場合はこれと逆の動きになります。

債券だけではなく、債権を組み入れて運用されている投資信託なども金利変動リスクを含んでいます。また不動産投資において資金を金融機関から借り入れている場合、金利が上昇すればそれだけ負担が増え、結果として得られる利益が少なくなることが考えられます。

・リスクその5「為替変動リスク」

投資において対象となるのは日本国内の債券や株式だけではありません。アメリカをはじめとした先進国から成長著しい発展途上国まで、世界中の債券や株式が対象となります。例えば投資初心者でも比較的買いやすい「投資信託」では、外国株を投資の柱とする商品が数多く存在します。

そこで生まれるのが為替変動リスクです。

円安が進むと、外国の株式や債券の価値は相対的に上がります。逆に円高が進めば、その価値は相対的に下がります。例えば円相場が1ドル100円のときに、アメリカの会社の株式を100ドル（1万円）分買ったとします。こうして外国の債券や株式を買うということは、いわば資産を円からドルに移す行為といえます。そこから相場が円安に振れていき1ドル120円となったなら、相対的に保有する100ドル分の株式の価値は上がり、1万2000円で売ることができます。逆もしかりで、1ドル90円となれば100ドル分の株式の価値は9000円となり1000円の損が出ます。この振れ幅が為替変動リスクです。

［図表11］ リスク分散とは？

かごが倒れると
すべての卵を失う可能性がある。

一つのかごが倒れても、
失う卵の数は少なく済む。

【イギリスの格言】卵は一つのかごに盛るな。
Don't put all your eggs in one basket.

➡ あるマイナスの出来事が、全体に影響しないようにしておく

運用の基本は、分散投資

投資にはさまざまなリスクがありますが、それらをできる限り抑え安定して運用していくための原理原則が存在します。それが分散投資です。

個々の金融商品が抱えるリスクを分散し、一つがだめでも他でカバーできるような態勢を取っておくのが分散投資の考え方です。実は分散投資をすればするほどリスクは下がりリターンが安定するというのは「資本資産評価モデル」など複数の現代ファイナンス理論で証明されており、誰もが実践すべき運用の基本といえます。

これを知らぬまま、「利率がよい商品があるから」などと一つの商品に資産を全部預けてしまった結果、その後資産が大きく目減りしてしまい私のもとへ相談にやってくる人が後を絶ちません。近年はコロナショックにより持ち株の価格が暴落し、資産が半分になった人もいます。

投資の世界には次のような格言もあります。

「卵は一つのかごに盛るな（Don't Put all your eggs in one basket.）」

集めた卵を一つのかごだけに入れている場合、もし誤ってかごを落とせば全部が割れてしまいます。しかし複数のかごにわけて入れておけば、たとえ一つを落としても残りのかごの卵は守られる、ということで分散投資の重要性を説いています。

分散投資についてより具体的にいうと大きく分けて3つの考え方があります。

まずは「対象となる資産や銘柄の分散」です。

例えば株式と債券は「株式が上がれば債権が値下がりする」といった具合に、経済状況に応じて異なる値動きをすることが比較的多いとされています。したがって株式だけ、債券だけ、あるいは限られた銘柄だけに投資するのではなく幅広い資産や銘柄を組み合わせることが大切です。特定の資産や銘柄が急落したとしても、他の値上がりでカバーできリスクを減らすことができるのです。

続いては「投資対象地域の分散」です。投資の対象は日本だけではなく世界に散らばっていますが、その資産や銘柄が存在する国や地域の状況、為替変動などでさまざまに値動きしています。

そこで異なる状況にある国や地域の資産や銘柄、通貨などを組み合わせて投資を行うとリスクも分散されます。国内と国外あるいは先進国と新興国のように、異なる組み合わせで投資をすると、ある国や地域の情勢が悪化した結果、資産が目減りしても他の資産や銘柄の値上がりでそれをカバーする可能性があるのです。

そして最後は「時間の分散」です。

一度に多額の投資を行うのではなく少額を定期的に買い続けていくことで取得価格は平均化されていき、長い目でみれば運用が安定します。そうして時間を分散してリスクをおさえる投資方法は「ドル・コスト平均法」と呼ばれています。

［図表12］　ドル・コスト平均法

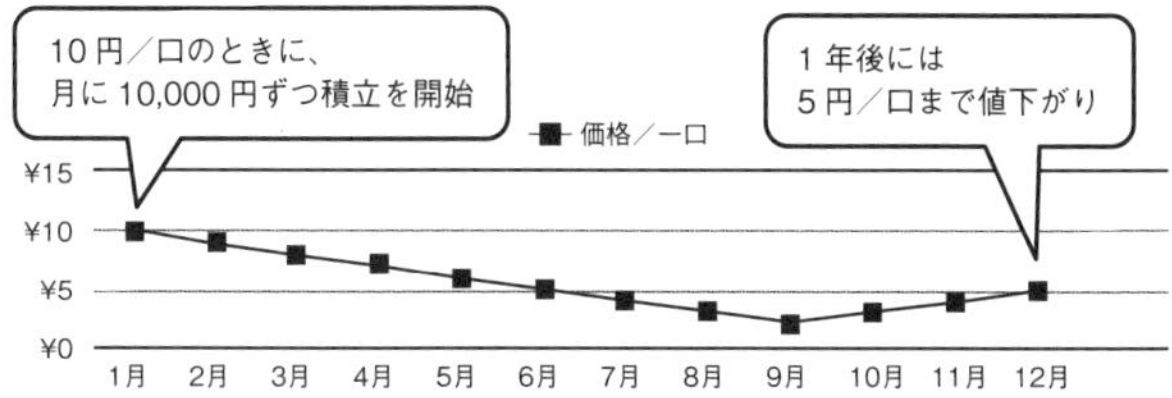

	1月	2月	3月	4月	5月	6月	7月	8月	9月	10月	11月	12月	合計
購入価格	¥10,000	¥10,000	¥10,000	¥10,000	¥10,000	¥10,000	¥10,000	¥10,000	¥10,000	¥10,000	¥10,000	¥10,000	¥120,000
価格/1口	¥10	¥9	¥8	¥7	¥6	¥5	¥4	¥3	¥2	¥3	¥4	¥5	
購入個数	1,000口	1,111口	1,250口	1,429口	1,667口	2,000口	2,500口	3,333口	5,000口	3,333口	2,500口	2,000口	27,123口

投資家の味方、ドル・コスト平均法

「ドル・コスト平均法」が活用できるのは積立投資においてです。

毎月や毎週など定期的に一定額ずつ投資をしていくと、結果的に投資対象の値が高い時には少なく、安いときには多く買うことができます。

金融庁のホームページに分かりやすい解説があるので、それを参考にしてドル・コスト平均法の効果を見ていきます。

毎月1万円ずつ、1年間ある投資信託を購入し続ける場合を考えてみます。購入する投資信託は上のグラフのような値動きをしたものとします。

最初に投資信託を購入した1月時点の単価が1口10円だった場合、1万円で1000口購入できることになります。その後最も値が下がって1口2円になった9月時点では、同じ1万円で5000口購入できることになります。

1年間経った時点での投資総額は1万円/月×12カ月ですので、12万円購入した投資信託の総口数は2万7123口になっています。仮に12月の時点で投資を止めた場合12月時点での1口あたりの価額は5円ですので、この時点で保有している投資信託の価額は5円/口×2万7123口で13万5615円になり、投資総額の12万円と比較すると1万5615円の利益が出ていることが分かります。

グラフを見ると最初に投資信託を購入し始めたときよりも投資を止めたときのほうが1口あたりの価額は下がっていますが、計算してみると結果的には利益が出ていたということになります。これは投資の時間（時期）を分散したことで1口あたりの投資価額が平準化され、高い値段のときに投資した分の値下がりが低い値段のときに投資した分の値上がり分でカバーされた結果ということができます。

こうしたドル・コスト平均法の対極にある方法として資金を一括して一つの商品を買うという方法もありますが、それだと購入時より価格が下落すれば資産が目減りするリスクが大きくなります。ドル・コスト平均法は時間がかかる投資方法ですが、そのおかげでリスクが管理できることを考えれば「時間を味方につける」投資法の一つといえます。

投資において投資家が管理できるのはリスクのみです。リターンがどうなるかはまさに神のみぞ知るところであり、誰も市場の未来を正確に予測することなどできません。

したがって投資をする際に考えるべきはリスクの量であり「どれくらいリスクが大きいか」「どの程度リスクを管理できるか」といった観点から投資先を選択するのが大切です。そして「自分が最悪、どこまでなら資産が減るのを許せるか」というリスク許容量も合わせて検討したうえで投資先を選んでいくというのが投資を続けていくためのポイントといえます。

単利と複利の違いを理解する

投資において必ず知っておくべき知識として、「利子の付き方」があります。利子の付き方は「単利」と「複利」の2種類があり、どちらに設定されているかで後に大きな差が出てきます。

単利とは「投資した元本」に対して利子がつくことです。元本を基準とした計算で利子は毎回同じ金額だけ積み上がっていきます。

一方の複利は「投資した元本と受け取った利子」に対して利子がつくことです。元本に利子がプラスされた金額に対し、さらに利子がつくため利子の金額がどんどん増えていきます。計算式で表すと次のようになります。

単利＝元本×利回り

複利＝（元本＋前回利子）×利回り

10万円を年利5％で5年間運用したとします。分かりやすくするため、ここでは手数料や税金などは考慮しません。単利で運用するなら毎年5000円ずつ利息を受け取るため1万2500円のプラスとなり、元本とあわせて12万5000万円という金額になります。

同じ条件で複利で運用する場合、毎回の利子が元本に加わりながら増えていきます。1年目は10万5000万円ですが、2年目にはこの10万5000円に対して5％の利子が付き、その合計金額に対し3年目にはさらに5％の利子がつくという具合です。そうして5年運用した場合には元本とあわせて12万7600円を得られます。単利と複利の差は2600円となり、そこまで大きな金額には思えないかもしれません。

ただ、実は複利がその真の力を発揮するのは長期運用においてなのです。先ほどと同じ条件で運用期間を30年まで延ばしたとしましょう。単利だと5000円×30年で15万円が元本に加わり、総額は25万円となります。しかしこれを複利で計算すると、利息は43万2194円となり総額は53万円を超えます。すなわち年利5％という同条件で運用しているのに、総額に2倍以上の差がつく計算です。

ちなみに資産が2倍になるまでの複利効果を簡易的に計算する式があります。

72÷年利＝資産が2倍になる年数（※近似値）

例えば年利3％なら資産が2倍になるのは24年後になります。24年というと一見すると長く感じる人もいるでしょうが、自分が何もせずともお金が2倍に増えるのですからその効果は絶大です。したがって複利の金融商品を選ぶというのが、より効率的に資産を増やしていくための鍵といえます。

円安は投資家にとって得か損か

投資を始めるにあたり避けては通れないのが為替です。

私はよく「円高と円安のどちらのときに投資したほうがいいか」という質問を受けますが、こうした疑問が出ている時点で為替に対する理解が投資のできるレベルまで届いていないと感じます。

本書を執筆している現在、円の相場は130円前後で推移し歴史的な円安となっています。「円が安い」という字づらだけで判断するとまるで円安が悪いことのように思えるかもしれませんが、少なくとも投資に関しては円安はただの悪者ではありません。

自分が円建ての債券や株式を買ったなら、そこから円の価値が上がるほど債券や株式も値上がりしていきます。逆に円安になれば価値は目減りします。一方で外国の債券や株式を買った場合は、円安になっていけばそれだけリターンが高くなります。その反面、円高に振れていけばリターンは目減りします。

この関係性は市場原理であり、変わることはありません。したがって「円高と円安、どちらがいいか」という質問に対する答えは、「投資する資産により異なるため、どちらともいえない」というものになります。

ちなみにもし円相場がどちらに振れるかをあらかじめ予測することができ、それに基づいて株や為替の取引を行えば確実にリターンが得られるでしょう。

しかし現実的には円相場の動きを正確に予測できる人はこの世に存在しません。投資の専門家は確かにある程度の確率で相場を読むことができるかもしれませんが、それはいわば天気予報と同じで外れることもしょっちゅうあります。

なぜ予測が困難かというと相場を決定づける要因は天文学的な数が存在しており、そのうちの一つがもたらすわずかなきっかけで結果が大きく変わるからです。ちなみにこれはカオス理論と呼ばれるものであり、天気も為替相場もその支配下にあります。

そうして予測できない事象に資産をつぎ込むのに抵抗がある人もいると思いますが、どう転ぶか分からないからこそ、どちらになってもリターンを得られるよう分散投資をするのが大切なのです。為替に関しては円と外貨に資産を分散し、長期的に安定した運用を行っていくという考え方が基本となります。

投資の利益には税金がかかる

投資には手数料や運営管理費などといったコストがかかりますが、そのほかに売却益や分配金といった利益が出た場合その利益に対して税金がかかることも知っておかねばなりません。この税金は一律で20・315%と定められています。

例えば100万円で始めた株式投資が1年で105万円に増えたとします。その利益である5万円に対して税金が課され、税額は1万157円となります。したがって手元には3万9843円が残る計算です。

なお税の内訳は、所得税（＋特別復興所得税）15・315％と住民税5％となっています。税金ですから国民すべてに毎年申告・納税をする義務があります。

もし投資で利益が出たなら確定申告を行う必要がありますが、すべての人がそうして申告しなければならないわけではありません。給与所得者など確定申告の必要がない人なら投資用の口座を作る際に「特定口座（源泉徴収あり）」を選ぶと、税金の計算と納税が口座から自動的に行われるため面倒な手続きは要りません。また投資で得た利益が20万円以下であれば申告は不要です。

20％もの税率はなかなか重く、「そんなに税金でもっていかれるなら、投資で利益を上げるのは難しそうだ」と壁を感じる人もいるでしょう。しかし実は国の制度を活用することで投資の利益が非課税になります。現在、政府は「貯蓄から投資へ」というスローガンを掲げ国民に対し投資を促すべく2つの制度を導入して税制優遇を行っています。

それが「iDeCo（個人型確定拠出年金）」と「NISA（少額投資非課税制度）」で

す。両方とも大きなメリットのある制度です。

老後の資金づくりに特化した「iDeCo」

iDeCo（individual-type Defined Contribution pension plan）は年金の一種で、国民年金や厚生年金といった公的年金に上積みする形で支払う私的年金です。公的年金に加入している20歳から60歳までの人なら基本的には誰でも利用できますが、例えば勤め先に独自の企業年金がある場合などは利用できないこともあります。

この「60歳まで」という年齢制限にこの制度の特徴が現れています。実はiDeCoは原則的に解約することができず、60歳以降にならないとお金を受け取れない仕組みとなっているのです。いわば老後の資金づくりに特化した制度といえます。

iDeCoの最大のメリットは節税です。掛け金が所得控除され運用益は非課税であり、60歳以降で受け取るお金にも税が優遇されます。

掛け金の所得控除だけでもその分を利回りとして考えるなら破格といえます。例えば所得が500万円の人が月に1万円投資したなら所得税から2万4000円、住民税から

1万2000円と計3万6000円の税金が戻ってくる計算です。年間12万円を投資し3万6000円が返ってくるわけですから、金融商品とすればその利率は30%というとてつもない数字となります。

個人的には老後の資金づくりには最適といえる投資の一つであると思います。

なおiDeCoの掛け金は5000円から自由に決められ、途中で増額や減額を行うこともできますが働き方と関連した上限があります。例えば自営業者などの国民年金の第一号被保険者は月額6万8000円、公務員などの第二号被保険者は月額1万2000円、会社員で企業年金がない場合には月額2万3000円といったように区分されています。また払い込む回数を選ぶことができ、月々の積立も年一括払いも可能です。

iDeCoの運用は金融機関で専門口座をつくることで可能になりますが、加入手数料約2800円と月々の運営管理費など171〜458円（金融機関により異なる）がかかります。

金融機関に支払う手数料は取引相手を変えない限り、60歳まで毎月払い続けていくことになるものです。それが100円違うだけで年間1200円、30年では3万6000円の差となります。

ただし、だからといって手数料だけを目安に金融機関を選ぶことは避けるべきです。各機関で取り扱っている商品にも注目する必要があります。

iDeCoの商品選びのポイント

iDeCoは口座を開きたい金融機関から申込書類を取り寄せ、会社員や公務員なら勤め先に事業主証明書を書いてもらい金融機関に提出するなどの手続きが必要です。申し込みから加入まで1カ月半から2カ月半という時間がかかります。詳しくは取引をする金融機関によく確認しながら進める必要があります。

なおiDeCoを始めるにあたっては掛け金の運用先を自分で選ぶ必要があります。そこで投資初心者なら必ずといっていいほど抱える悩みが「どの商品を選べばよいか」です。

iDeCoの投資先はかなり幅広く用意されており金融機関によって取り扱う商品も違いますが、大きくは元本が保証されている代わりに利率が低い定期預金や保険商品といっ

［図表13］　投資信託の分類

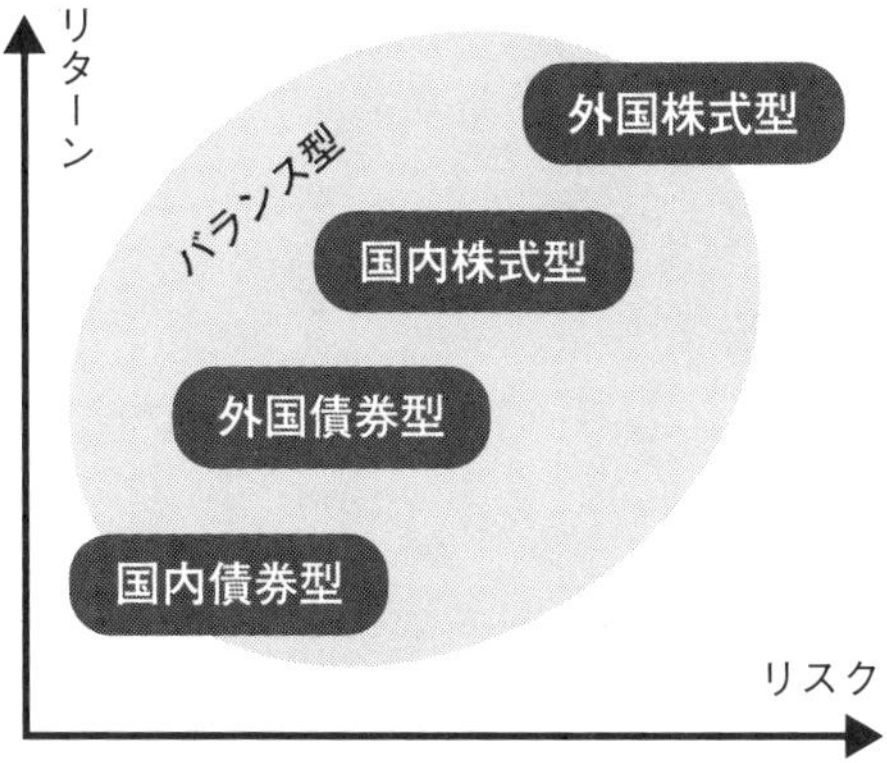

た「元本確保型」と、元本割れのリスクはあれど利率が比較的高い投資信託である「元本変動型」に分かれます。

資産をしっかり運用し将来のお金を効果的に増やしていくなら元本変動型、すなわち投資信託を選ぶことをおすすめします。確かにリスクはありますがここまでで解説してきたとおり、時間を味方につけ分散投資を行うことでそのリスクはコントロール可能です。

iDeCoの投資先となる主な資産は株式と債券です。投資対象地域は国内か国外に分かれます。したがって投資信託の分類としては「国内株式型」「国内債券型」「外国株式型」「外国債券型」の4つが代表格となります。

これらをリスクの大きさによって並べるなら最も低リスクなのが国内債券で、以降は外国債券、国内株式、外国株式の順になります。リスクが大きい分期待できるリターンも増えます。

なおこの４つのほかに一つの商品において複数の資産、地域を組み合わせて投資する「バランス型」もあります。バランス型の商品は分散投資でリスクをおさえている分、複数の資産を運用する手間がかかるため、信託報酬が割高な傾向があります。またその内容は基本的にファンド任せとなり株式を増やしたい、債権をもっと買いたい、といった調整ができません。

投資信託を買う場合には国内株式型、国内債券型、外国株式型、外国債券型、そしてバランス型のどれかから選択することになります。

資産の種類と投資する地域以外にもう一つ、運用スタイルによる分類が加わります。それが「インデックス型」と「アクティブ型」です。

インデックス型とは投資対象とする市場の動きを示す代表的な「インデックス（指標）」と、同調した値動きを目指して運用する方法です。例えば国内株式でインデックス型の運用を行うなら「TOPIX（東証株価指数）」や「日経平均株価」などの指標と連動させることを目指すものが多いです。

一方のアクティブ型は投資対象とする市場のインデックスを中長期的にみて上回るような成果を目指します。国内株式でアクティブ型の運用をするならTOPIXや日経平均株価を超えるリターンを得ることが目標となり、ファンドマネージャーをはじめとしたプロたちが成長が期待できる銘柄を独自に選び、運用していきます。

インデックス型がどちらかといえば機械的に運用を行い比較的手堅く利益を狙っていく手法であるのに対し、アクティブ型はそれを運用する人材の実力に左右される面が大きく、リスクとコストを多めにとってより効果的なリターンを目指す手法といえます。

なお販売手数料や信託報酬といった運用コストは、市場分析や銘柄調査といった手間のかかるアクティブ型のほうが高い傾向にあります。

自らの目標に沿ってポートフォリオをつくる

投資においては「アクティブ型の国内株式だけ」などと一つに絞って運用するのではな

く、各商品に掛け金を分配し組み合わせて運用するのが基本といえます。

こうした商品の組み合わせのことを「ポートフォリオ」といいます。

例えば手堅い運用を目指すなら掛け金の半分を国内債券に回し、20％は外国債券、そして残りを国内外の株式で運用するというポートフォリオが考えられます。逆にリスクをある程度とってでも効果的に資産を増やしていきたいなら掛け金を外国株式に50％、国内株式に30％、残りを国内外の債券に振り分けるといったポートフォリオになります。バランスよく増やすのを目指すなら国内外の株式、債券をそれぞれ掛け金の25％ずつ購入するのもいいでしょう。

自分に合ったポートフォリオをつくるためのひとつのポイントとなるのが運用期間です。時間を味方につけ運用期間を長くとるほどリスクが分散されるため、運用期間が長いほどリスクをとりやすいといえます。ｉＤｅＣｏによる運用は60歳までとリミットが決まっていますから、20代、30代で始めるなら多少リスクをとったポートフォリオを組んでいいと思います。逆に50代であれば税金優遇を主眼として手堅いポートフォリオにするのが無難です。

また自分のリスク許容度を考慮したうえでバランスを調整していくというのも大切です。リスク許容度を図るには「どれくらいまでなら元本を失っていいか」について検討しなければいけません。「とにかく元本が減るのが嫌だ」というリスク許容度の低い人がｉＤｅＣｏを活用したいなら定期預金のみで運用していけばいいわけですが、利率もまた限りなくゼロに近いためリターンは期待できません。

投資をする以上はある程度のリスクは受け入れるべきであると個人的には考えていますが「最悪、このくらいなら元本が目減りしても、ライフプランに大きな変更は出ない」という範疇で投資を行うというのは非常に大切です。

掛け金を決める際も同じで、生活を切り詰めてまで投資を行っているのに「アクティブ型の外国株式」に偏ったリスクの高いポートフォリオを組むというのは投資というより投機に近い発想です。無理のない範囲で長期間継続し、気づけば資産が大きく増えているというのが投資の正しいあり方です。

なおｉＤｅＣｏでは途中解約こそできませんが、運用する商品を見直したりポートフォリオを組みなおしたりすることは可能です。また掛け金に関しても増やしたり減らしたり一時的に投資を止めたりできます。

商品の見直しについては基本的に長期運用が前提となるため、こまめに見直して都度変えていくような必要はありません。ポートフォリオに関しては掛け金の増減を含め人生のステージに応じて組み替えていくといいでしょう。例えば子育てで予想外にお金がかかるなら掛け金を一時的に減額し運用もリスクの低いポートフォリオに変えたり、副収入が得られるようになって家計に余裕がでたら掛け金を増額してある程度リスクをとったポートフォリオを採用したり、といった具合です。

解約が自由で流動性の高い「ＮＩＳＡ」

投資にかかる税金を優遇する「少額投資非課税制度」はＮＩＳＡという愛称で知られるものです。イギリスのＩＳＡ（Individual Savings Account＝個人貯蓄口座）をモデルとし、その日本版ということでＮＩＳＡ（Nippon Individual Savings Account）となりました。

ｉＤｅＣｏとＮＩＳＡの大きな違いは流動性にあります。ｉＤｅＣｏが60歳まで解約できず流動性が低いのに対しＮＩＳＡは解約の制限がなく、どのタイミングでも解約が可能という流動性の高い制度となっています。

ＮＩＳＡには「一般ＮＩＳＡ」と「つみたてＮＩＳＡ」という2つの種類があります。一般ＮＩＳＡは非課税枠が年間１２０万円となっており、最大5年間非課税で保有できます。上場株式、投資信託、ＲＥＩＴなど選べる商品の幅も大きくなっています。投資に回す資金に余裕があり金融商品を自由に組み合わせて運用したい人向けといえ、初心者には手に余るかもしれません。

つみたてＮＩＳＡは長期にわたり積立を行い分散投資することを支援するもので、投資可能な商品もそれに適していると金融庁が判断する一定の投資信託に限られます。１００円からでも始められ金融庁の基準を満たす購入手数料や信託報酬が低い商品ばかりのため、初心者でもチャレンジが容易です。

つみたてＮＩＳＡでは非課税枠が年間40万円に抑えられ買付も定期的に一定金額で行うと限られていますが、最大20年間非課税で保有できます。運用益や分配金、譲渡金といった利益が20年にわたり非課税になるのが大きな魅力です。仮に月々2万円を10年間積み立てて運用するとして、利率5％1年複利という条件の場合、非課税だとおよそ17万円もの税金が浮く計算になります。

なお現行のNISAの制度は2024年にリニューアルが決まっています。新NISAは、まず20万円の枠内でつみたてNISAの対象商品を選ぶ必要があります。その後102万円の枠内で現行NISA（一部除く）から金融商品を選ぶという「2階建て」の仕組みに変わります。

NISAの口座をつくる場合一般NISAかつみたてNISAかどちらか一つしか口座をもてませんが、老後の資金づくりを考えるならつみたてNISAを活用するほうが適しています。

つみたてNISAで選べる商品の特徴を知る

金融庁によるとつみたてNISAで選べる商品は213本（2022年4月26日時点）となっており、それらは「インデックス型」「アクティブ型」、そして「ETF」の3つのタイプに分かれています。つみたてNISAの商品群で圧倒的多数を占めるのがインデックス型で183本、アクティブ型は23本、ETFは7本という内訳です。

インデックス型とアクティブ型の特性はiDeCoの解説で触れたとおりです。ETFはExchange Traded Fundの略で、日本語では上場投資信託といいます。インデックス型の商品と同じく市場との連動を目指して運用されるものですが、インデックス型が証券会社、銀行、郵便局などで購入できるのに対しETFは株式と同様に証券会社を通じて証券取引所に買付や売却の注文を出します。インデックス型の商品と違いリアルタイムで取引でき手数料も割安ですが、購入や売却のタイミングを自分で見極める必要があるなど運用にはある程度の知識が求められます。

なおインデックス型とアクティブ型の商品は株式のみに投資し比較的ハイリスクハイリターンといえる「株式型」、債券やREITなどさまざまな資産を組み合わせて投資しリスクを分散する「資産混合型」に分類することができます。

この分類でいうと株式型は国内株式のみに投資する商品が44本、外国株式にのみ投資する商品が50本、国内外の株両方に投資する商品が15本あります。一方の資産混合型は国内のみが5本、外国のみが2本、両方に投資する商品が90本となっています。ちなみにETF

は国内が3本、外国が4本あります。

こうしたタイプや分類をもとに自らのライフプランやリスク許容度と見合った商品を選ぶというのはｉＤｅＣｏと共通しています。

投資信託を選ぶ際に必ず確認したいのが「目論見書」です。目論見書には投資信託の目的やどの地域の何に投資しているか、リスク、手数料、運用実績といった投資をするうえで欠かせない情報が書かれています。特に運用実績を見れば標準価額（投資信託一口あたりの評価額）、純資産総額、年間収益率といった情報がグラフで直感的に把握できます。基準価額が下落していたり、純資産総額が減少傾向にあったりするものは運用がうまくいっていない可能性が高く注意が必要です。

20年間運用し、非課税期間をフル活用

つみたてＮＩＳＡは金融機関でその専用口座を開設すれば始めることができます。口座を開きたい金融機関を決め本人確認書類などを提出し、金融機関による税務署への確認を経た後、申請から1～2週間で口座開設の通知が届くというのが一般的な流れです。

つみたてＮＩＳＡの節税メリットを最大まで生かすなら限度枠である40万円を使い切り、月でいうと3万3333円を投資に回すのが理想です。ちなみに限度額を使い切れない場合に不足分を翌年以降に繰り越すことはできません。

しかしだからといって手元のお金が不足しているのに無理に積立を続ける必要はありません。つみたてＮＩＳＡではいつでも解約して保有資産を売却することができ、掛け金の変更や積立の休止が自由に行えます。また年に一度は金融機関の変更も可能です。

そうして自由度が高いからこそ、解約のタイミングを見極めるのが難しいものです。

老後資金のための運用であれば非課税期間である20年は解約せずに積み立てていくというのが一つの目安ではあります。なお非課税期間が終了した後は資産を課税口座に引き継いで運用することになり、利益に対し課税が始まります。

予想外のアクシデントなどがあって現金が必要になったら、その時点で解約を検討するべきです。その他住宅購入の頭金にしたり、子どもが大学に入学するための資金に充てたりと、使いたいタイミングがあれば解約してもいいと思います。複数の商品をもっている場合、その一部だけを売却するというのも選択肢の一つです。

解約すべき理由が特にないなら基本的には利益が出ているときが「売り時」といえますが、初心者はあくまで長期運用を前提として考え、こまめな売買はできる限り控えることをおすすめします。

「第二のかご」となる貯蓄型保険

つみたてＮＩＳＡにおいてのメイン商品である投資信託はお金を効果的に増やしていくにはいい商品ですが、元本割れのリスクもあります。

基本的に価格が一気に２割や３割上がるものは、同様にして落ちる可能性があるというのは頭に入れておかねばなりません。老後の資金をつくるため長い期間をかけて資産運用を行っていくならいくら節税の効果が大きいとはいえ、つみたてＮＩＳＡだけに頼ってはいけません。

繰り返しになりますが「卵は一つのかごに盛るな」が投資の基本です。資産運用で投資信託を活用することに問題はありませんが、もしその運用がうまくいかなかったときのために別のかごも用意してリスクを分散しておくべきです。

そこで検討したい「第二のかご」が保険です。

終身保険や養老保険、学資保険といった貯蓄型保険は予定利率と利回りが明確で着実にお金を増やしつつ死亡や高度障害など万一への備えもできます。保険料は債券を軸として運用され、株式型や資産混合型の投資信託に比べ利率は落ちるものの安定したリターンが期待できます。

日常の生活費や急な出費などすぐ使うお金は銀行口座に入れておく一方で、貯蓄分を投資に回しｉＤｅＣｏやつみたてＮＩＳＡを活用して投資信託を買いつつ、保険にも掛け金を振り分けてバランスよく運用するというのが老後の資金をつくるためのベストなやり方であるといえます。

［第5章］

保険への投資が老後の資産を守る

人生には必ずアクシデントが起こる

幸せな老後のための資金づくりにあたって、ライフプランに基づいた長期運用は重要です。

しかしライフプランはあくまで理想的な計画にすぎず、当然のことながら病気やけが、勤め先の倒産といった突発的なアクシデントの影響は織り込まれていません。

人生100年時代といわれますが、長い時を生きるなかでアクシデントは必ず起きると考えておくべきです。自分の身に降りかかる災難だけではなく、家族の介護などまで含めればその確率は極めて高いといえます。

せっかく資産運用が順調に進んでいっても、例えば大病を患って仕事を辞めることになれば積立を中止して貯蓄を切り崩さざるを得なくなるなど資産運用に大きな影響が出てきます。貯蓄が一定の金額に達するまでには時間が必要ですが、目標に向かい走っていくなかでお金を生み出すエンジンである自分自身や家族にトラブルがあればそれを修理する時間と費用がかかります。

健康面でいうと若い頃は体調の維持管理にさほど気を遣わずとも健康でいられるものですが、その感覚のままずっと元気で働けると考えているといざというときにライフプランががたがたに崩れ途方に暮れることになります。予期せぬアクシデントというのは資産の長期運用において最も懸念すべき点であり、それに対する備えは必ずしておかねばなりません。

ここで誰しもの身に降りかかる可能性があり、人生に大きな影響を及ぼす「4大アクシデント」を挙げておきます。

①病気、けが
②死亡、高度障害
③親の介護
④働き方の変化

病気やけがについては最もイメージしやすいアクシデントかもしれません。

がん・心疾患・脳血管疾患の3大疾患にかかれば長期間の入院を余儀なくされ、ライフプランが大きく変わる可能性があります。けがについても、例えば骨折をした場所によっては仕事ができなくなったりします。

自分や家族の身に降りかかるなどと考えたくはない死亡や高度障害も、万が一それが起きてしまえば周囲の人の人生に重大な影響をもたらします。住宅ローンを抱え教育資金を貯めている最中に働き手が急死したり、高度障害を抱えてベッドから起きられなくなったりという事態になればすべての計画はストップします。

平均寿命がどんどん更新されていく現代においては親の介護をする可能性も高まっています。1950年代の平均寿命は70歳に到達しておらず、60歳まで仕事をしたとしても、老後は10年でした。しかし今では日本国民の平均寿命（2020年）は男性で81・64歳、女性で87・74歳となっており、60歳まで働いたとして20年以上も老後があります。平均寿命が100歳まで延びたら老後は40年続くことになり人生の半分近くを占めてきます。そうした状況下で長生きをするであろう親の介護をどのように行うかは、多くの人が抱える課題といえます。

最も見落とされがちなアクシデントが働き方の変化です。会社員が終身雇用で守られ給料も右肩上がりだったのは遠い過去の話であり、現在では誰もが知るような大企業ですら倒産や民事再生に追い込まれています。倒産までいかずとも会社の業績が不振なら給料が上がらなかったり、定年が早まったりすることも十分に考えられ、予想していた収入が得られなくなる恐れがあります。

こうしたアクシデントに対し「いつか自分の身に降りかかるもの」と想定してあらかじめ備えておくというのも老後の資金づくりの一環といえます。

そしてアクシデントへの備えをしつつ資金を着実に増やしてくれるのが、運用の「第二のかご」とすべき保険なのです。

保険にはどんな商品があるのか

保険を大きく分類するなら人の身体に関わるアクシデントへの備えとなる「生命保険」とモノに関わるアクシデントに備える「損害保険」に分かれます。そして生命保険、損害保険それぞれにおいて、どんなアクシデントに対応するかによってさまざまな商品が存在します。

生命保険を例にとると死亡に備える「死亡保険」病気やけがに対する「医療保険」そして学資や介護などの出費に備える「貯蓄型保険」などがあります。

死亡保険は自分が亡くなるという万一の事態が現実となったとき、残された家族に対し保険金を支払って支える商品です。

一方で医療保険は自分が生きている間のアクシデントである病気やけがに備え、手術や入院、治療などにかかる費用をカバーします。なお死亡保険とセットで契約する際には、医療特約と呼ばれます。また医療保険のなかには「がん保険」など、特定の病気に特化した商品もあります。

貯蓄型保険はその名のとおり保険と貯蓄の両方の性質を併せ持った商品です。例えばそのうちの一つである終身保険は亡くなったり高度障害状態になったりすると保険金が支払われる機能とともに解約時には解約返戻金として、それまで払い込んだお金の一部または全額以上のまとまったお金を受け取れるため保障を受けつつ貯蓄のように活用できます。

なお生命保険の加入を検討すると「掛け捨て型」と「貯蓄型」という2つの選択肢がで

てきます。

掛け捨て型は解約返戻金や満期保険金といったリターンがなく保険機能のみに特化したものですが、その分払い込む保険料が割安になっています。これは逆に、貯蓄型は保険と貯蓄を両立するからこそ保険料が高くなっているともいい換えられます。

がんになると、年収が半分以下に減る恐れがある

こうして保険は幅広いアクシデントに対応できるラインナップがそろっており、万一の備えとして十分に活用できるものですが、それでも「保険に入るのは損」「保険料を払うくらいなら貯蓄したい」といった声をしばしば耳にします。

そのような意見をもっている人はきっと実際にアクシデントに見舞われた際、自分の身にどのようなことが起きるか想像できていないのだと思います。

そこで日本人の2人に1人がかかり日本においてあらゆる病気のなかで最も死亡率の高い病気であるがんについて、その診断を受けた日からどれほど生活が変わるのかをデータを基に示していきます。

メットライフ生命による「特定疾病に関するインターネット調査（2018年12月）」では、がん罹患者またはがん罹患経験者を対象に調査を行っています。それによると初めてがんと診断されたあとから1年間にかかった費用（自己負担分）は平均で約65万円となっていますから、月に5万円以上ものお金が出ていくことになります。

がんの治療期間は平均1年7カ月に及びます。別の調査ではがん経験者全体の6割は2年以上の治療を経験しているというデータもあり、長期にわたる治療を余儀なくされることが多いです。

がんの平均入院日数はおおむね2週間から3週間といったところです。入院中はできるだけ心穏やかに過ごしたいと個室を望む場合、かなりの出費を覚悟しなければなりません。

がん治療で有名な病院において保険適用外となる個室ベッド代を見てみると、国立がんセンターで3万8500円から11万円、3万3600円から16万7000円となっています。ちなみにこの金額は入院1日ごとにかかってくるものです。こうしたベッド代の差額

[図表 14] がん治療の期間と職業・収入の変化

●がん治療は長期化する傾向にある

がん経験者全体の約 60%は 2 年以上の治療を経験し、
部位別では乳がん経験者の約 80%が 2 年以上の治療を経験している。

【がんの部位別治療期間の割合】

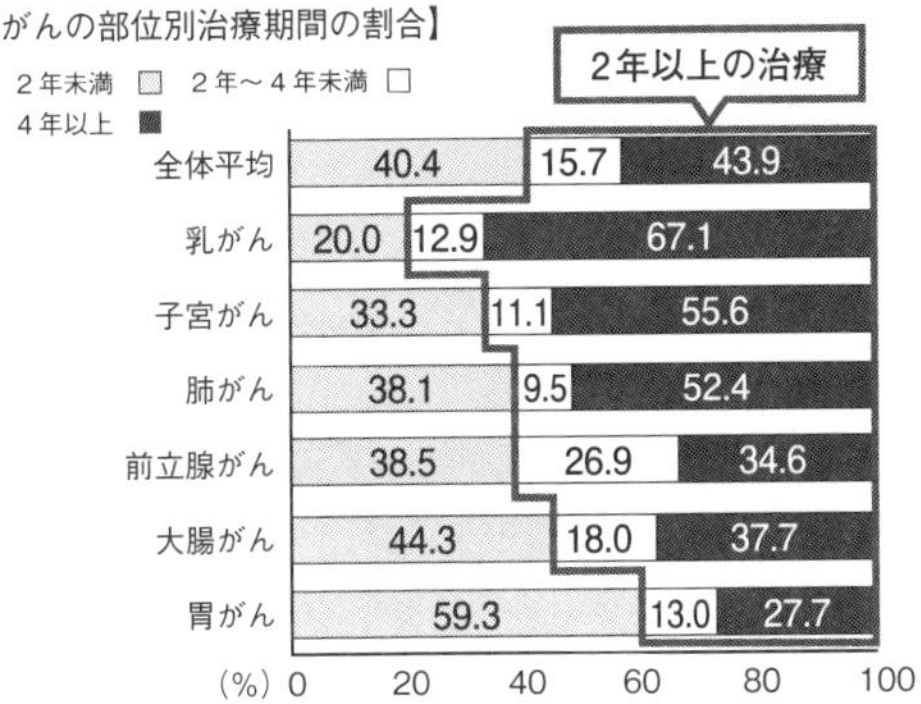

(出所) FWD 富士生命　楽天リサーチ (がん経験者へのアンケート結果 2016 年 9 月) より

●がんと診断された後の職業と収入の変化

【がん診断前後の職業の変化】

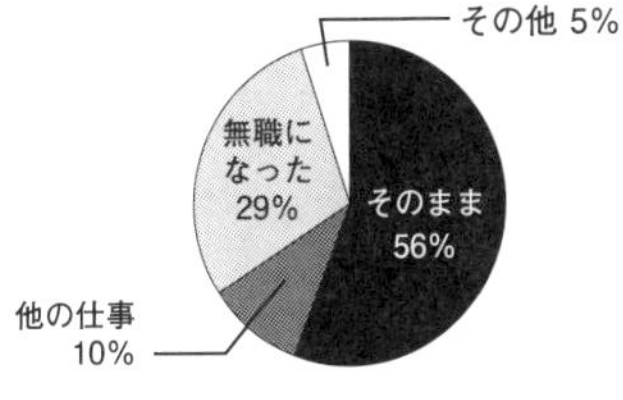

【がん診断前後の収入の変化】

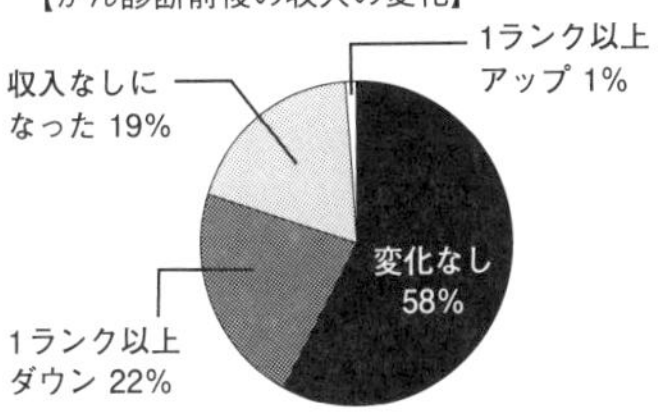

(出所) NPO 法人がん患者団体支援機構 - ニッセイライフ共同実施アンケート調査 (平成 21 年)

のほかレンタルパジャマやタオル、見舞いに来る家族の交通費や外食費など、治療期間にはとにかくお金が飛んでいきます。

ＮＰＯ法人がん患者団体支援機構とニッセイライフが２００９年に共同で行ったがん診断前後の職業や収入の変化についてのリサーチがあります。それによるとがん診断後の職業については「そのまま」と回答した人が56％、「他の仕事」が10％であった一方「無職になった」と答えた人が29％いました。収入については「１ランク以上ダウン」という回答が22％、「収入なしになった」という回答は19％に及びます。そして平均年収はがん診断前が約３９５万円であったのに対し、診断後は約１６７万円まで急落しています。

月に５万円以上のお金が出ていくにもかかわらず年収が半分以下まで落ち込んだなら、貯蓄を切り崩さざるを得なくなるかもしれません。ただでさえがんという生死に関わる病気に襲われているのに、お金の心配までしなければいけないなら精神的にもかなりつらい状況が続くでしょう。

また大病を乗り越えたあともそれ以前のような収入が得られなくなるなら、ライフプランの大幅な見直しが求められます。こつこつと資産運用を続けていってもアクシデントひとつでライフプランがひっくり返り、結果的に老後貧乏に陥る可能性は十分にあるのです。

そんな事態を防ぐために保険があります。いくら保険への加入に抵抗があっても、最低限、医療保険だけは絶対に入っておくべきです。

保険による資産運用について考える前にまずはこうした保険の意義を見直しておくと、「第二のかご」の真の重要性がより理解できるはずです。

目的に応じた貯蓄型保険を選び、資産を運用

資産運用における保険の活用はあらゆる商品でできるわけではありません。それができるのは貯蓄型の保険に限られます。

貯蓄型の保険はアクシデントに対する備えという保険の機能と資金の貯蓄機能の両方を併せ持った商品です。保険料を払い続けていくと保険の解約時や満期となった際に支払った保険料の総額以上のお金が戻ってくる商品設計となっています。

こうした商品には払った保険料の総額に対する受け取り額の割合である「返戻率」が設

定されているものがあります。返戻率の最大値が105%から110%となっている商品が多いようです。

例えば月に2万円、20年間にわたり保険料を支払い続けて満期を迎えたとすると、その総額は480万円となります。そしてその商品の返戻率が110%（固定）であったなら、48万円がプラスされて528万円が支払われることになります。

貯蓄型の保険は一般的には加入期間が長いほど返戻率が高くなる傾向があります。逆に短期間で解約すると返戻率が100%を下回ることもあるため、どれくらいの間加入すれば返戻率が100%を超えるかを確認したうえ、それを基準に運用期間を決める必要があります。

ここで資産運用の味方となってくれる代表的な貯蓄型の保険について、その内容を解説しておきます。

［ドル建・円建終身保険］

保険で資産を運用する際、第一の選択肢となる生命保険です。通常の生命保険と同様に被保険者が死亡したら保険金を受け取れるという万一の備えがあり、終身保険として活用できることに加え、保険料払い込み期間が過ぎた後に解約すればその総額以上の返戻金を受け取れます。返戻率は固定タイプと変動タイプがあります。

低解約返戻金型終身保険は保険料払い込み期間中に解約した際に戻ってくる返戻金が低く抑えられているかわりに、月々の保険料が割安になることを指しており、長期契約を前提とした貯蓄性の高い商品であるといえます。

【養老保険】

保険の機能と定期預金のような性質を併せ持った商品です。「60歳まで」「15年間」など払い込み期間が設定されており、満期を迎えたタイミングで払い込んだ保険料の総額以上のお金を受け取れます。万が一、満期を迎えるまでにアクシデントがあっても、満期を迎えたときに受け取る金額と同等の保険金が支払われる仕組みとなっています。

生命保険にカテゴライズされていますが、お金が必要なライフイベントに合わせて加入してもいい商品です。

【個人年金保険】

老後の資金を準備するために設計された商品です。

契約の時点で将来いくら受け取れるかが決まっており、確実に老後資金の用意ができます。商品によっては返戻率が１００％を超えるものもあります。

保険料の払い込み期間が終わった後のタイミング（55歳から75歳までのどこか）で保険金を受け取れます。特徴的なのはその受け取り方で、一括でもらうこともできますが、5年から15年にわたって分割して受け取ることも可能となっています。

【学資保険】

その名のとおり子どもの教育資金をつくるために入る保険です。

保険料の払い込み期間に関して5年、10年など時間で区切った商品や18歳、22歳など教育資金が必要な年齢に達したときに満期となる商品など、さまざまなものが存在します。

払い込み期間が終了すると祝い金や満期保険金が支払われます。被保険者に万が一のことがあった場合には、それ以降の保険料の支払いが免除されるといった保障もついています。返戻率が高めの商品が多く貯蓄性が高い保険の一つです。

保険で資産を運用するメリットとデメリット

保険を活用した資産運用にはいくつものメリットがあります。

繰り返しになりますが、資産を貯蓄し増やすことができる運用機能と、保障という保険機能が両立されているのは最大のメリットといえます。これは他の資産運用法にはない特徴です。

運用のハードルが低いというのも初心者にとってうれしいところです。実際の運用は保険会社の専門家によって行われ、保険料を支払っているだけで自然に資産が運用されていきます。多くの場合保険料の支払いは口座引き落としであり、「何もしなくともお金が働いてくれ、資産が増えていく」という商品の典型といえます。

商品選びにおいても返戻率があらかじめ固定されている保険があり、運用も国債中心で比較的安定しています。結果として先の収益が読みやすく、ライフプランに反映しやすいといえます。

資産運用の手法として保険をとらえた場合、見逃しがちなのが節税効果です。貯蓄型保険は「生命保険料控除」の対象となりますから、所得税や住民税の支払いを抑えることができます。

このようなメリットがある一方でデメリットもあります。

まずはあまり大きなリターンが望めないことです。保険がもたらす収益は銀行預金よりは高いものの、投資信託などと比べれば利回りが低い傾向があります。しかしその分、元金割れのリスクは低くなっており、安定しているからこそ「第二のかご」にふさわしいともいえます。

もうひとつのデメリットは、保険期間の途中で解約するとほとんどの商品で返戻率が100％を下回ってしまうことですが、流動性、換金性は高いといえます。

なお中長期の運用が基本となる老後の資産形成においては、デメリットよりもメリットのほうがはるかに大きいと考えられ、それが私が資産運用の手法のひとつとして保険を推す理由です。

資産運用のための保険商品の選び方

貯蓄型の保険は多くの保険会社で取り扱っており、無数の商品が存在します。そのなかから自分に合った商品を選ぶために、見るべきポイントを整理します。

最も基本的な情報となるのが保障内容と月々の保険料、そして払い込み期間です。保険料に関して貯蓄型の保険は掛け捨て型より割高な傾向がありますから、無理のない範囲で確実に払い込み期間を終えられる金額を設定するのがおすすめです。

払い込み期間は資金を貯める目的に応じて変化すると思いますが、できるだけ短くとれば保険料コストを大幅に低くおさえることができます。

返戻率については固定なのか、変動なのかも確認が必要です。固定であれば将来受け取れる金額がほぼ明確になりますから、ライフプランに反映させやすいでしょう。目的を叶えるためにはどれくらいの返戻率が最適か試算してから加入期間を決めるのが大切です。

また「変額」という言葉がついた商品は運用実績によって満期に受け取れる保険金や解約返戻金が増減する保険です。外貨建ての保険も為替の状況によっては受け取れる保険金や解約返戻金が変動する可能性があります。そのかわり通常の商品よりも返戻率が割高に設定されています。

なお保険による資産運用を始めるなら、できる限り早く着手したほうが将来的に得をする確率が高くなります。若くて健康なときであれば保険料も安く、条件の良い商品が多くあり、そのなかから選ぶことができます。逆にアクシデントがあって健康を害すれば、そこで加入条件が厳しくなり選択肢が狭まります。

今後超高齢社会がさらに進行していくと、医療保険やがん保険を利用する人の数はどんどん増え、それを補うべく保険料も値上がりしていくと予想されます。すでに現在条件の良い商品は徐々に減ってきていますから、できるだけ早めに検討することをおすすめします。

ただ、だからといって「老後には保険による資産運用が不要になる」というわけではありません。65歳以上になってからの資産運用はリスクをおさえて安定的に資産を保つのが主な目的となります。そこで予定利率の保証がついている保険という金融商品で資産をもっておくというのは非常に有効な手段です。

資金計画の要となるのは、健康

他の金融商品ではみられない保険の大きな特徴として、商品によっては健康確認が必要となるという点が挙げられます。

生命保険においては健康でなければ一般的な条件での加入ができず「第二のかご」にするのが難しくなります。そして健康というのは歳を重ねるほどその維持が困難になるものであり、今ある保険の商品にも「いつでも加入できる」と考えてはいけません。

資産運用においても投資のリスクをコントロールするために時間を味方につけ、長期運用を行うという王道の方法を実践するには健康でなければいけません。病気やけがによって人生が一変しライフプランが崩れてしまえば、資産運用もまた中断を余儀なくされることになります。

私が資産運用のアドバイスを行うとき必ずセットで話すのが健康の大切さとその維持の仕方についてです。

日本人の三大死因であり、人生に重大な影響をもたらす「がん・脳血管疾患・心疾患」

は生活の乱れから引き起こされる生活習慣病です。逆にいうなら生活習慣をきちんと整えていくことで、こうした重要な疾患に関わるリスクを減らすことができるともいえます。ですから私は日々の生活習慣の確認、見直しを提案しています。

生活習慣病というのは突然現れるものではありません。その原因となる事象がどんどん積み重なっていった結果、コップの水が溢れるようにある日を境に病気として現れるのです。

生活習慣病にかかるリスクの指標の一つとして、健康診断のデータがあります。年に一度、その数値に一喜一憂し悪くなって初めて生活を見直すという人が多いと感じますが、それはいわば信号が赤に変わってからようやくブレーキを踏もうとするようなもので、かなり遅いといえます。

不調が積み重なり表層化する前に先手を打って対策を講じていけば、病気は予防できます。そのためには普段から食事や睡眠、ストレスといった健康を左右する要素に注目し、コンディションを常に整えていくのが大切です。

六つの健康法で生活習慣病を予防

日常生活のなかで、健康を左右する主な要素として挙げられるのは、「ストレス」「姿勢」「呼吸」「運動」「食事」「睡眠」の6つです。これらをうまく整えていくことで健康を維持しようという考え方があり、私も実践しています。

【ストレス】

日々のストレスが健康に与える影響は甚大です。強いストレスにさらされ続けると精神が病んでしまうとともに、頭痛、胃痛、高血圧、不眠、免疫力の低下などといった症状が現れ身体も不調となることが多いです。現代医学においてもストレスは万病のもとと考えられており、放置しておくと命に関わる疾患の引き金ともなりかねません。

したがって日々のストレスとどう向き合うかは将来も健康であり続けるための最も重要な要素のひとつといえます。

ストレスとの向き合い方としてはまず自分がどんな物事に対し強いストレスを感じるか

を整理しましょう。そのうえで強いストレスを感じずに済むよう環境を整えたり、人間関係を見直したりと実際に行動を起こすのが大切です。

【姿勢】

正しい姿勢を保つことは健康でいるために欠かせない要素です。姿勢の良し悪しが健康に影響するというのはさまざまな論文で述べられています。

リモートワークが増え、長時間にわたりパソコンの前に座っている機会が増えた人も多いと思いますが、いつの間にか背中が丸まり姿勢が悪くなっているなら黄色信号です。

姿勢が悪いと血流が滞り、それが肩こりや腰痛の原因ともなります。また骨盤の位置が悪ければ内臓の位置が下がってきて、胃痛や便秘など胃腸の機能障害を引き起こす可能性もあります。

健康維持のためには自分の姿勢が常に正しく整えられているか意識的に確認し、正しい姿勢でいることを習慣化するというのが非常に大切です。また背骨や内臓の位置を定期的に修正するため、整体院や接骨院で治療を受けるのもおすすめです。

【呼吸】

普段なかなか意識することのない呼吸も健康とつながりがあります。

人間は呼吸により酸素を取り込み体中に供給することで活動のエネルギー源としていますが、呼吸が満足にできなければ身体は低酸素状態となりさまざまな悪影響を及ぼします。寝ている間に呼吸が止まる「睡眠時無呼吸症候群」が心臓・血管系の病気や多くの生活習慣病のきっかけとなるのはその典型的な例です。

酸素を十分に取り込むには横隔膜を上下させて「腹式呼吸」を行い、深く息を吸うのが大切です。

横隔膜の上下動は自律神経の活動と深く関わっており、横隔膜をよく動かすほど自律神経が整いやすくなるといわれます。

腹式呼吸は「吸うときは鼻、吐くときは口」で行うのが基本です。

エクササイズとしては4秒かけて鼻からゆっくり深く息を吸い、そこから8秒かけてゆっくり息を吐くという「4‐8呼吸法」などがおすすめです。実行すると身体が次第にリラックスし自律神経が整っていくはずです。

【運動】

生活習慣病の予防に最も効果のあるのが運動です。

運動不足から肥満になれば糖尿病や高血圧、動脈硬化、心臓病といった生活習慣病のリスクが高まります。また筋肉は使わなければすぐに衰え、それが体力の低下を招き、病気やけがが治りにくくなります。骨もろくなり骨粗しょう症などにもつながります。

そうして身体を衰えさせないためにも定期的に体を動かさねばなりません。

例えば昼休みを利用して10分間歩くだけでもリスクを減らすことが可能です。まずは自分の生活のなかに無理なくできる運動を取り入れて習慣化し、次第に運動量を増やしていくのがいいと思います。ただしあまりにハード過ぎる運動は、体内の活性酸素を増やしてしまい逆効果になる可能性があります。ジムなどに通いトレーナーのアドバイスを受けて自らの運動量の最適解を探すのもいいでしょう。

【食事】

私たちの身体は日々の食事によってつくられていきますから、その内容が悪ければ心身に影響が出ることは容易に想像できるはずです。

例えばタンパク質、脂質、炭水化物は、身体をつくるだけではなく日々の活動を行うためにも必須の栄養素であり、不足すれば身体の活動に支障が表れかねません。そのほかにも人の身体に必要なミネラルをうまく摂取できなければ、やはり不調をきたします。

逆に一部の栄養素ばかりを過剰に取り過ぎてもいけません。脂質や炭水化物を取り過ぎれば、それが肥満につながり生活習慣病のリスクが上がります。

1日3食腹八分目を心がけて栄養バランスのいい食事をとることは、シンプルでありながら効果絶大な健康維持の方法であると私は考えています。「一汁三菜」という食べ方を基本とする和食は世界的にも「栄養バランスの取れた健康的な食事」と評価されていますから、和食を中心とした食生活にすることをおすすめします。

【睡眠】

睡眠不足や睡眠の乱れがさまざまな病気を引き起こすというのが現代医学においての定説です。糖尿病、高血圧といった生活習慣病から認知症やうつ病までさまざまな病気のリスク要因となると考えられています。

質の高い眠りを得るには規則正しい生活を送る必要があります。体内時計のリズムに合わせ、朝きちんと起きて夜更かしせずに寝るというのが基本中の基本です。

そのほかに朝目覚めたらカーテンを開けて陽の光を浴びる、1日3度決められた時間に食事をする、夕食は就寝時間の3時間前までに済ませておく、入浴は就寝時間の2時間ほど前にしてぬるめのお風呂にゆっくり浸かる、就寝前にはスマートフォンなどの画面を長時間見ない、といったことでも睡眠の質が高まります。

いずれも心がけ次第ですぐにできるものですからぜひ実践してほしいと思います。

健康こそが老後を豊かにする最大の資産

こうして日頃から健康維持に対する意識を高くもちきちんと体調管理を行っていくことで、人生のアクシデントのうち病気や死亡に対するリスクをある程度コントロールすることができます。その結果ライフプランどおりに計画的に貯蓄や投資を積み上げていける可能性が高まるのは間違いありません。

長期分散でリスクをコントロールしながら投資しアクシデントへの備えとして保険による運用も行い、かつ健康を維持してライフプランを着実に現実のものとしていく。これが老後を豊かにするための資産形成のすべてであると私は考えています。元手の必要な投資や保険運用と違い、健康維持は自分の気持ち一つで今からでもすぐに始められます。

老後を豊かに過ごすのに必要なのは資金だけではありません。いくらお金があっても寝たきりになってしまったり、認知症を患ってしまったりすれば長い老後を楽しむことができなくなるのです。

健康も投資と同じように長期的な視野でこつこつと良い習慣を積み上げていくことで維持できるものです。身体に異変が出てからそれまでの生活習慣を後悔するのではなく、この先もずっと健康であり続けることを目指して六つの健康法を実施していってほしいと思います。

健康こそ、老後を豊かに過ごすための最大の資産なのです。

おわりに

本書を執筆している最中、日本円は歴史的な安値といえる135円台まで下落し歯止めがききません。日経平均株価も下がり債券市場では日本国債が売られ、いわゆる「トリプル安」となっています。

投資という観点でいえば国内の株や債券を中心とした運用をしている人にとっては、かなり厳しい状況といえます。

ただしそれはあくまで短期的な視点での話です。

本書で述べてきたように時間を味方につけて長期的に運用しているなら、こうしてマイナスが出たとしてもあせる必要はありません。長期運用においてはむしろ株や債券の価格が下がっているときがチャンスであり、買い時です。ドル・コスト平均法を実践しているならこうした時期には株や債券の購入量が多くなり、再び価格が戻った際に投資効果を引き上げてくれます。

すなわち厳しい状況を乗り越えた後には、必ず成長が待っているのです。
これは人生においても当てはまることだと思います。リスクをとって新しいチャレンジを行えば壁に当たったり、失敗を繰り返したりするものです。しかしそこで投げ出すことなく向き合い続けた先に光があり、困難を乗り越えてこそ人は成長していけます。

投資にはリスクがつきものですが、それが怖いからといって何もしなければ未来がよりよく変わることもありません。平均寿命が延び少子高齢化がさらに進行し、現行の年金制度の維持が困難となっている現状を考えると、むしろ何もしないことのほうが大きなリスクがあると私は思います。年金頼みでは老後の生活をまともに支えられないのはほぼ間違いないのですから投資を行って自分で資産を用意し、老後の生活を豊かにするしか道はないはずです。

本書で解説したとおり投資のリスクというのは「長期・積立・分散」によりコントロー

ルできるものです。できる限り早くスタートするほど、元本割れのリスクは低下し着実に資産が増えていきます。

老後貧乏を回避できるかは今このときの決断にかかっているのです。

本書が一人でも多くの人の背中を押し、投資の世界に一歩踏み出すきっかけとなることを願って筆をおきたいと思います。

児玉正浩（こだま　まさひろ）

株式会社ベネフレックス代表取締役、株式会社オールライフ代表取締役、株式会社コンシェナンス代表取締役。1961年、東京都荒川区生まれ。1984年、大正海上火災保険株式会社（現・三井住友海上火災保険株式会社）に入社。同期研修生130名中、20カ月連続で営業成績トップとなり、1985年に独立。1987年、主に損害保険を取り扱う有限会社オールライフ保険を設立。損害保険と生命保険のワンストップサービスの実現を目指し、1999年に生命保険の取り扱いを主事業とする有限会社ベネフレックスを設立。2019年、株式会社コンシェナンスを設立。2002年、株式会社ベネフレックスおよび株式会社オールライフを設立。顧客の〝漠然とした不安〟を解消する保険コンサルティングで、幅広い年齢層から支持されている。MDRT終身会員（21年連続MDRT認定）。TOT5年連続認定。

本書についての
ご意見・ご感想はコチラ

老後を救う投資術
投資信託と保険こそ最高の金融商品

二〇二二年九月七日　第一刷発行

著　者　児玉正浩
発行人　久保田貴幸
発行元　株式会社　幻冬舎メディアコンサルティング
〒一五一-〇〇五一　東京都渋谷区千駄ヶ谷四-九-七
電話　〇三-五四一一-六四四〇（編集）
発売元　株式会社　幻冬舎
〒一五一-〇〇五一　東京都渋谷区千駄ヶ谷四-九-七
電話　〇三-五四一一-六二二二（営業）

印刷・製本　中央精版印刷株式会社
装　丁　村野千賀子

検印廃止

Printed in Japan　ISBN 978-4-344-94111-3 C2033
幻冬舎メディアコンサルティングHP　http://www.gentosha-mc.com/